Junior NKIERE MAKOLONI

CURSO DE INFORMÁTICA DO TERCEIRO ANO SA

Junior NKIERE MAKOLONI

CURSO DE INFORMÁTICA DO TERCEIRO ANO SA

ScienciaScripts

Imprint
Any brand names and product names mentioned in this book are subject to trademark, brand or patent protection and are trademarks or registered trademarks of their respective holders. The use of brand names, product names, common names, trade names, product descriptions etc. even without a particular marking in this work is in no way to be construed to mean that such names may be regarded as unrestricted in respect of trademark and brand protection legislation and could thus be used by anyone.

Cover image: www.ingimage.com

This book is a translation from the original published under ISBN 978-620-6-71713-3.

Publisher:
Sciencia Scripts
is a trademark of
Dodo Books Indian Ocean Ltd. and OmniScriptum S.R.L publishing group

120 High Road, East Finchley, London, N2 9ED, United Kingdom
Str. Armeneasca 28/1, office 1, Chisinau MD-2012, Republic of Moldova, Europe
Managing Directors: Ieva Konstantinova, Victoria Ursu
info@omniscriptum.com

Printed at: see last page
ISBN: 978-620-8-51169-2

Conteúdo

PREFÁCIO

Nos últimos anos, o mundo tem sofrido rápidas alterações devido à utilização e ao aperfeiçoamento das novas tecnologias da informação e da comunicação, que estão presentes em quase todos os domínios da vida. Atualmente, os computadores são utilizados nas empresas como parte de sistema de informação e de produção.

Segundo a definição do dicionário Larousse, a informática é a ciência do tratamento racional e automático da informação; a informática é considerada como um meio de conhecimento em diferentes domínios da ciência. A informática é atualmente utilizada para o controlo, a vigilância, a comunicação e muitas outras aplicações que nunca poderemos enumerar na íntegra, apenas para mostrar a amplitude do seu campo aplicação.

A informática não é um remédio milagroso para todos os males das empresas, mas, quando utilizada racionalmente no quadro de uma organização pré-estabelecida com os parceiros interessados, pode ser um instrumento de desenvolvimento. Para isso, é necessário, em primeiro lugar, formar os nossos estudantes que desejam seguir uma carreira profissional na administração pública, escrevendo livros adequados que lhes permitam estudar bem e adquirir conhecimentos básicos de informática. É precisamente este o objetivo deste livro sobre a informática destinado aos estudantes do terceiro ano de ciências humanas, opção secretariado-administração.

Embora as NTIC sejam muito mais utilizadas nas empresas, as escolas e outros estabelecimentos de ensino registam uma taxa de adesão muito baixa. necessidade de utilização deste instrumento e, mais particularmente, de uma escola técnica.

Agradecemos ao Ministere Provincial de l'EPST Haut-Uele e à Inspection Principale Provinciale de Haut-Uele 2 pela sua participação na realização deste livro, que será útil não só à Província de Haut-Uele, mas também a todas as escolas do nosso país que oferecem a opção Secretariado-Administração.

RESUMO

Esta obra teórica e prática, de fácil compreensão para os estudantes do 3eme des humanites, opção Secretariado-Administração, servirá também de compêndio para os professores que desejem aprender informática, uma vez que está em conformidade com o programa nacional do Ensino Primário, Secundário e Técnico da República Democrática do Congo.

Neste livro, focámos conceitos como :realizar procedimentos de tratamento de ficheiros de uma pasta utilizando o MS Word e hiperligações, analisar informação e elaborar relatórios utilizando o MS PowerPoint, analisar documentos e propor soluções através da criação de gráficos, organizar o trabalho a realizar diariamente utilizando o MS Outlook, planear viagens e férias utilizando o MS Outlook, apresentar trabalhos numa reunião utilizando animações do PowerPoint, um bom domínio do funcionamento e da utilização do scanner, um bom domínio das noções básicas de redes informáticas, ensinar aos alunos os tipos de cópia de segurança dos dados num suporte, um bom domínio da ordenação dos dados por ordem crescente de critérios fixos e, no final de todos estes pontos, ensinar a filtrar os dados através de um método simples e personalizado.

Se seguir os ensinamentos deste livro até ao fim, estará no bom caminho para um sexto ano de humanidades bem sucedido e já não terá problemas em seguir os conceitos abordados no quarto ano de humanidades.

Esperamos receber os vossos comentários, críticas e sugestões para melhorar este livro e encorajamos todas as escolas a adquirir um exemplar. Ao adquirir um exemplar, está a incentivar a investigação científica.

O nosso agradecimento vai inteiramente para Jesus Cristo, que nos deu a vitória sobre o pecado.

OBJECTIVO

OBJECTIVO GERAL

No final do terceiro ano de administração do Secretariado Humanitas, todos os alunos serão capazes de utilizar ferramentas informáticas.

OBJECTIVOS ESPECÍFICOS

No final do ano letivo, qualquer aluno do terceiro ano de secretariado-administração de humanidades que tenha seguido assiduamente este curso será capaz de

Efetuar os procedimentos de tratamento dos ficheiros de uma pasta ;
Analisar as informações e redigir o relatório;
Analisar documentos e propor soluções;
Hierarquizar o trabalho a efetuar diariamente;
Planear as viagens e o tempo livre;
Apresentar o trabalho numa reunião;
Dominar o funcionamento e a utilização do scanner;
Dominar os conceitos de rede;
Saiba mais sobre o processamento de texto ;
Guardar dados num suporte ;
Ordenar os dados por ordem ascendente de critérios fixos;
Filtragem dos dados através do método simples e personalizado.

CAPÍTULO I

MENU DE INSERÇÃO DE PALAVRAS

I.1. CABEÇALHO E RODAPÉ

Os cabeçalhos e rodapés são áreas que aparecem na parte superior e inferior de cada página de um documento. São utilizados para fornecer informações adicionais e para personalizar o documento. Os elementos que podem ser inseridos nestes espaços são o número da página, a data, o logótipo de uma empresa, o título do documento, o nome do ficheiro ou o nome do autor, etc.

1. > Aceda **a Inserir cabeçalho** ou **rodapé**.
2. Escolha o estilo de cabeçalho que pretende utilizar.
3. Adicionar ou modificar texto para o cabeçalho ou rodapé.
4. Para remover um cabeçalho, por exemplo, eliminando-o da página de título, selecione-o e, em seguida, assinale a caixa **Primeira página diferente**.
5. Selecione **Fechar cabeçalho e rodapé** ou prima Esc para sair.

> Para eliminar, selecione **Inserir cabeçalho** (ou **rodapé**) > **Eliminar cabeçalho** (ou **Eliminar rodapé**).

1.2. NÚMERO DA PÁGINA

No cabeçalho, no rodapé, nas margens ou mesmo em qualquer parte do seu documento, numere as páginas escolhendo entre diferentes estilos, sóbrios e eficazes ou mais extravagantes.

1. Para adicionar números de página, clique no separador **Inserir** e, em seguida, em **Número de página**, na categoria *Título e rodapé*.
2. Selecione a localização onde o número de página deve ser apresentado:

- **Topo da página**, ou seja, no cabeçalho;
- **Rodapé**, ou seja, no rodapé;
- **Margens da página**, esquerda ou direita ;
- **Posição atual**, ou seja, no documento, onde se encontra o cursor, incluindo no cabeçalho ou no rodapé para criar uma numeração personalizada, ou numa caixa de texto retangular (**Inserir > Caixa de texto**) ou numa forma mais fantasiosa (**Inserir > Formas**).

3. Especifique também o estilo de numeração: **número normal**, ou **com formas** (círculo, quadrado, seta), etc.
4. Alguns estilos de cabeçalho/rodapé oferecem três vistas: esquerda, centro ou direita da página. Nos estilos reservados às margens, a escolha diz respeito à margem esquerda ou direita.

- Também pode gerir este alinhamento manualmente. **>** Por exemplo, quando estiver a editar um rodapé, prima a tecla **Tab** duas vezes para alinhar à direita o texto seguinte que escrever, ou o número de página que inserir através de **Número de página > Posição atual Número normal**.
- Quando insere o número de página, ou quando faz duplo clique na área do cabeçalho ou do rodapé, aparece um separador contextual de **cabeçalho e rodapé** a azul, à direita dos outros. O friso dá-lhe então novas opções para

personalizar as áreas superior e inferior da página, com um botão **Fechar** para regressar ao corpo do texto.

- À esquerda deste friso, no separador **Cabeçalho e rodapé**, clique em **Número de página > Formato do número de página** para aceder a determinadas opções.

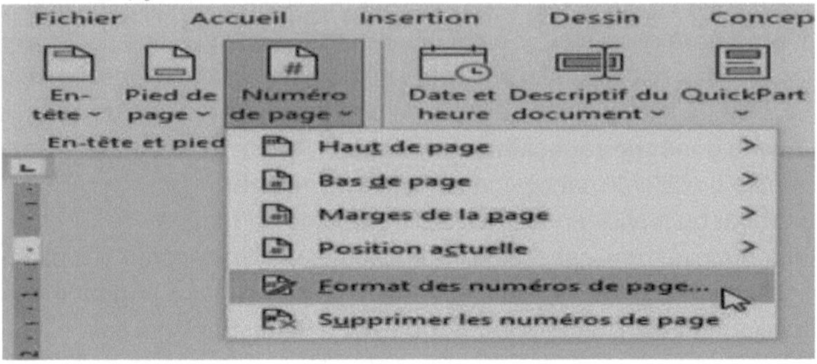

- Aqui pode especificar o formato da numeração (algarismos árabes, algarismos romanos, letras), o número da primeira página, etc. Todas estas opções serão abordadas nas outras secções deste guia prático.

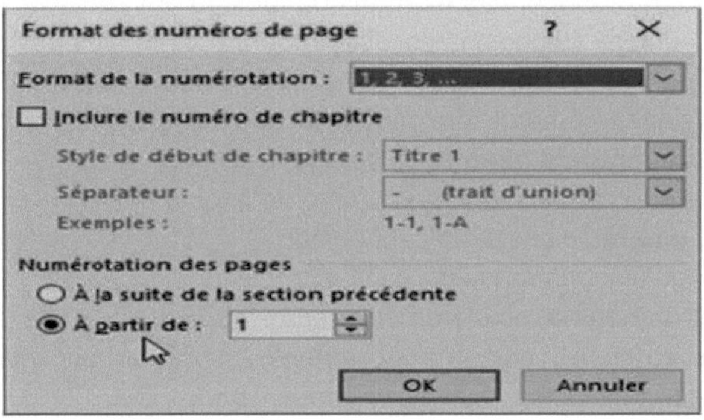

I.3.TABELA

Eis como criar uma matriz inicialmente simétrica.

1. Clique no documento onde pretende criar um mesa.

PRIMEIRO MÉTODO :

No friso **Inserir**, clique em **Tabela** e arraste o ponteiro do rato para selecionar o número necessário de linhas e colunas.

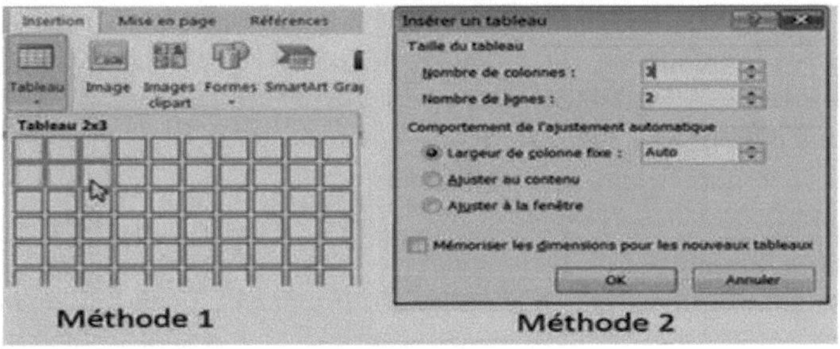

SEGUNDO MÉTODO

No friso **Inserir**, clique em **Tabela**, **Inserir tabela** e, em seguida, introduza os valores adequados na caixa de diálogo **Inserir tabela**.

1.4. ZONA DE TEXTO

Uma caixa de texto é um **elemento de interface gráfica utilizado ou apresentar texto**. Uma caixa de texto pode ser adicionada a um documento ou página Web para chamar a atenção para uma parte específica do texto ou para mover o texto pelo ficheiro. É possível formatar e posicionar uma caixa de texto utilizando os comandos do separador contextual Formatar ou arrastando a caixa de texto com o ponteiro.

Para inserir uma caixa de texto, siga estes passos

1. Aceda a Inserir > zona de texto.
2. Selecione uma das caixas de texto pré-formatadas da lista, selecione Outras caixas de texto em Office.com ou selecione Desenhar uma caixa de texto.
3. Se selecionar Desenhar uma caixa de texto, clique no documento e arraste para desenhar a caixa de texto com o tamanho pretendido.
4. Introduza o seu texto.
5. Altere a disposição do seu texto.

1.5. LETRINA

O cabeçalho é um elemento decorativo geralmente utilizado nos documentos no início de uma secção ou de um capítulo. Consiste numa grande **letra maiúscula** no início de um parágrafo ou bloco de texto com duas ou mais linhas de profundidade no texto normal.

Eis como adicionar um papel timbrado;

1. Selecionar o primeiro carácter de um parágrafo ;
2. Aceda **a Inserir** e depois a Letra ;
3. Selecione opção de letras da sua preferência.

Para criar uma carta que caiba dentro do seu parágrafo, selecione **rejeitado**. Para criar um cabeçalho na margem, fora do seu parágrafo, selecione na margem.

NB: Pode alterar o tamanho e o tipo de letra das letras, bem como a sua distância em relação ao texto.

> Para tal, selecione **lettrine** lettrine **options** e, em seguida, em **options**, faça as selecções pretendidas.

ELIMINAR UM PAPEL TIMBRADO

1. Realce a letra grande;
2. Vá a inserir, depois letra e selecione **nenhuma.**

I.6. EQUAÇÕES

Inserir uma equação

Clique na seta por baixo do grande botão "*Equações*: pode então selecionar simplesmente uma equação. Autres équations sur Office.com Não será redireccionado para Office.com no seu navegador, é apenas uma lista que é adicionada, com ainda mais equações:

π Insérer une nouvelle équation Se nenhuma das equações destas duas listas lhe convier, pode clicar em no fim da lista.

Para obter um nível médio em matemática e testar as equações, sugiro uma fórmula não muito complexa: a fórmula quadrática, a raiz uma equação de segundo grau ax2+bx+c=0ax2+bx+c=0 quando b2+4ac>0b2+4ac>0 :

$$x = \frac{-b \pm \sqrt{b^2 - 4ac}}{2a}$$

Quando clicou na equação, apareceu um novo separador: "*[Ferramentas de equação] Desenho*". É um ritual neste curso apresentar os separadores, por isso vamos fazê-lo aqui.

FERRAMENTAS DE EQUAÇÃO OU DE DESENHO

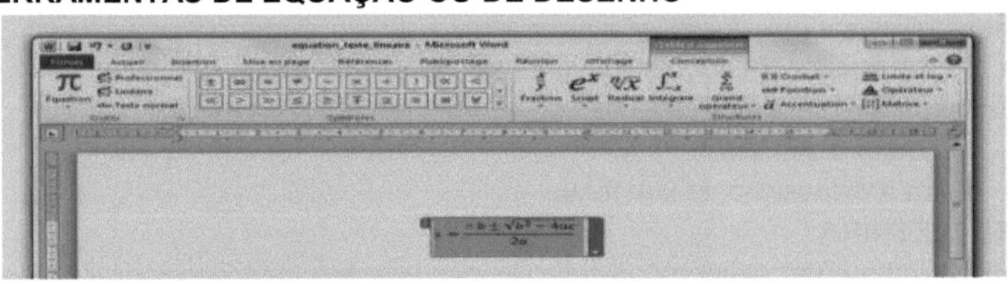

Existem apenas três grupos;

Ferramentas

O primeiro grupo é utilizado inserir uma nova equação no local selecionado. Por exemplo, se tiver selecionado o numerador e depois clicar em inserir equação, esta nova equação tornar-se-á o numerador da equação completa.

Eis um exemplo:

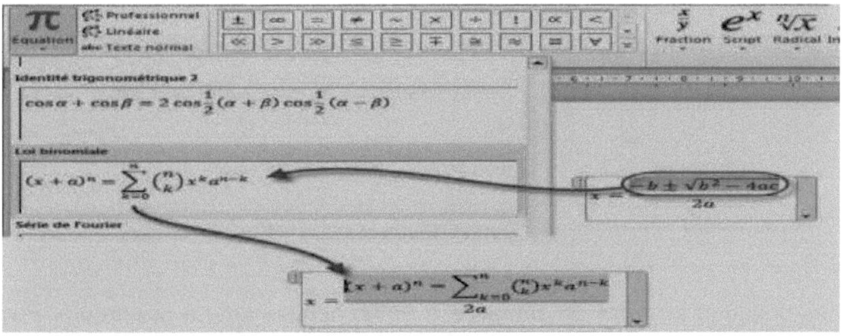

As outras duas funções colocam as equações em duas e uma linha, respetivamente (o "/" é utilizado como símbolo para a fração). A terceira função converte a equação em texto normal e vice-versa.

Recapitulando com pequenos ensaios, 9a dá :

- **Profissional**: funcionalidade predefinida para a apresentação normal de equações - como vimos no primeiro documento de teste;
- **Linear**: função que apresenta as equações numa linha:
- **Texto**: funcionalidade que apresenta as equações como texto. Não é a mais adequada, mas pode ser útil:

$$x = (-b \pm \sqrt{}(b^\wedge 2 - 4ac))/2a$$

- **Texto linear**: pode combinar as duas funções. Clique em "*Texto*" e em "*Linear*":

$$x=\frac{-b\pm\sqrt{b^2-4ac}}{2a}$$

$$x=\frac{-b\pm\sqrt{b^2-4ac}}{2a}$$

NB: quando quiser alterar a forma como a função é apresentada, não se esqueça de selecionar toda a fórmula. Esta deve estar completamente realçada. Para o fazer, utilize o atalho Ctrl + A .

Para sua informação, ao formatar equações, o Word utiliza Cambria itálico como tipo de letra predefinido, com um alinhamento ligeiramente diferente: se uma linha apenas contiver uma equação sem texto, esta é centrada; assim que adicionar um espaço nessa mesma linha, esta assume o alinhamento do texto e muda para o modo de linha.

I.7.SÍMBOLOS

Inserção de símbolos

Clique no botão "*Símbolos*" e aparecerá um pequeno menu:

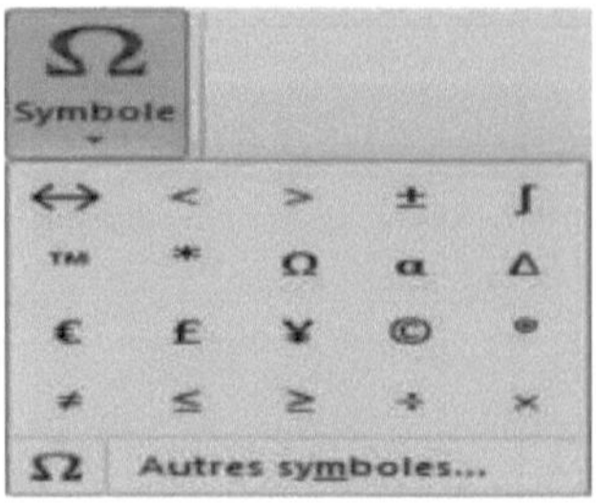

Uma pequena amostra de símbolos é então apresentada à sua frente. Pode selecionar um deles e este aparecerá automaticamente no seu documento na posição do cursor. >Também pode selecionar (Outros) mbolos para aterrar nesta janela:

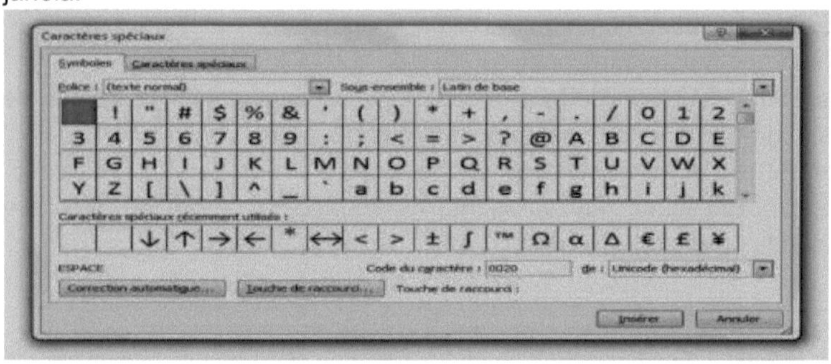

A partir daí, tem à sua disposição uma longa lista de personagens.
Todas as categorias (*Latim básico*, *Suplemento Latim-1*, *Latim alargado A/B*, etc.) em conjunto, permitem-lhe inserir o símbolo que desejar, no tipo de letra que desejar.
Note-se que os caracteres utilizados recentemente são mais fáceis de aceder.
Aqui, tal como no menu rápido, clique no carácter que pretende e depois em "*Inserir*. O carácter é inserido no documento, mas a janela permanece aberta para que adicionar outros símbolos.
No que diz respeito aos "*Caracteres especiais*", "*Correção automática*e "*Teclas de atalho*, os dois primeiros serão abordados num capítulo da última parte, enquanto o terceiro foi abordado num capítulo da primeira parte.

Ícones de lista

A outra utilização dos símbolos aqui é para listas inteligentes.

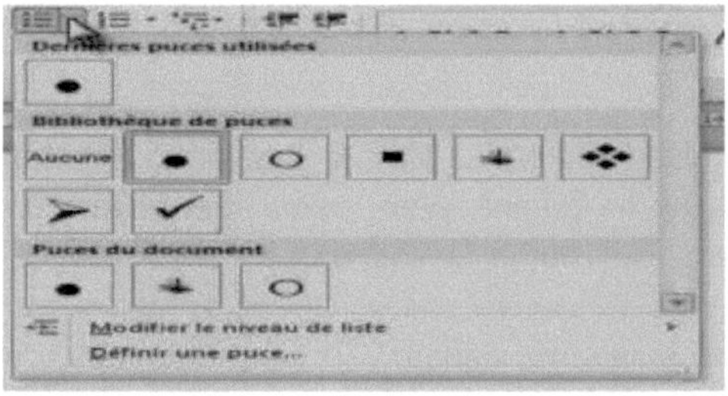

Quando analisámos as listas com marcadores, vimos que era possível utilizar um símbolo como marcador, clicando em "*Definir um marcador...*" e depois em "*Símbolo*":

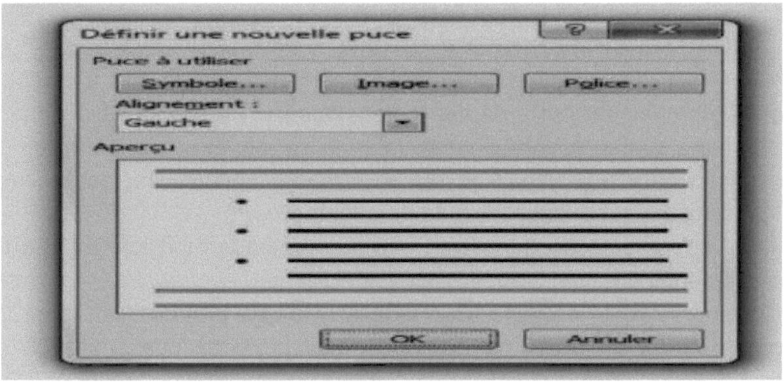

CAPÍTULO II

LIGAÇÕES DE HIPERTEXTO

Uma ligação de hipertexto o acesso rápido a informações armazenadas noutro ficheiro, noutro documento, numa página Web, numa mensagem de correio eletrónico, numa imagem ou numa localização específica do documento.

Note que o Word cria automaticamente uma ligação de hipertexto quando prime a tecla Enter ou a barra de espaços depois de escrever um endereço URL, tal ; www.microsoft.com

Também é possível criar uma ligação para um texto ou uma imagem, ou para uma localização específica num documento.

11.1. LIGAÇÃO A UM ESQUEMA

O PowerPoint tem uma funcionalidade 'Hiperligaçãoque facilita a adição de ligações em qualquer parte da sua apresentação. A adição de hiperligações pode tornar a sua apresentação mais informativa, por exemplo, ao incluir uma hiperligação para um sítio Web ou ao fornecer alternativas, por exemplo, quando se liga a outro diapositivo da apresentação.

1) Abra a apresentação do PowerPoint que pretende modificar ou crie uma nova apresentação.

2) Clique uma caixa de texto no diapositivo ao qual pretende adicionar uma ligação. Selecione o texto ou objeto ao qual pretende que a ligação seja ligada.

3) Clique no separador "Inserir" e, no grupo "Ligações", selecione **Ação**

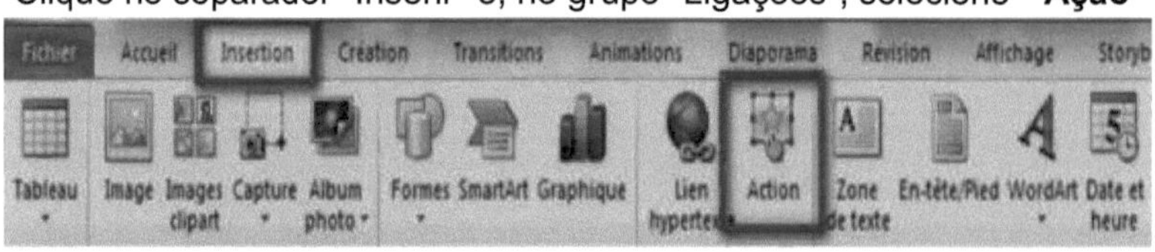

4) Na caixa de diálogo "Definições de ação", selecione **Criar uma ligação de hipertexto para:** e selecione a seta para baixo para visualizar as diferentes opções:

- Próximo slide
- Deslizamento anterior
- Primeiro diapositivo
- Último diapositivo
- Deslizamento anterior
- Deslizar...

. URL...

- Outra apresentação em PowerPoint
- Outro ficheiro

Neste exemplo, selecione **Slide** para selecionar um título de slide específico.

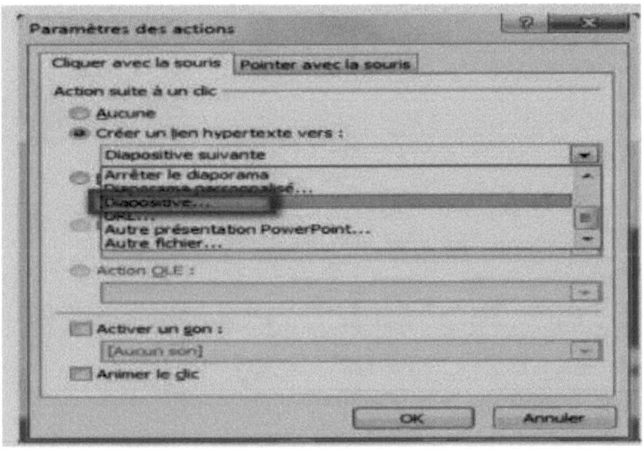

5) Na caixa de diálogo **Ligação de hipertexto ao diapositivo**, sob o título do diapositivo, escolha o título do diapositivo ao qual o texto será ligado. Clique em OK quando tiver feito a sua escolha.

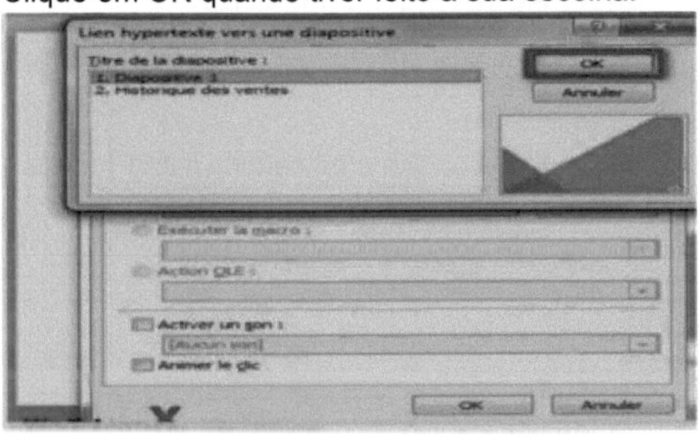

6) Clique em "OK" para fechar a caixa de diálogo "Definições". de ação".

11.2. LIGAÇÃO A UM FICHEIRO

Selecione texto ou a imagem a utilizar como ligação.

DOIS MÉTODOS POSSÍVEIS PARA CRIAR UMA LIGAÇÃO :

1. Clique com o botão direito do rato
2. Clique em Ligação de hipertexto no menu de contexto
3. Clique no separador Inserir
4. Clique na ligação de hipertexto

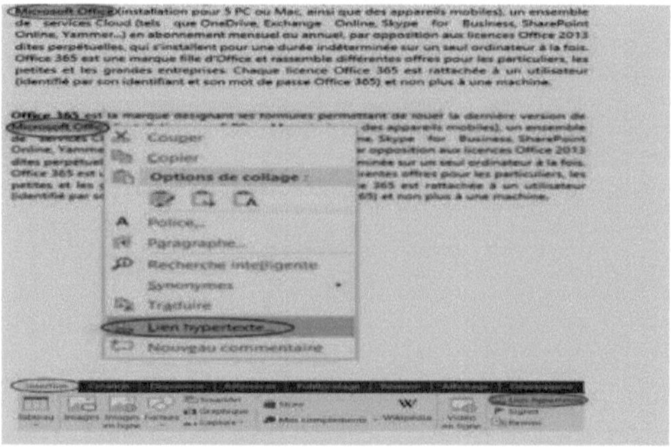

Na caixa de diálogo Inserir uma ligação de hipertexto, faça o seguinte uma das seguintes operações:

1. **CRIAR UMA LIGAÇÃO A UMA PÁGINA WEB OU FICHEIRO EXISTENTE**

- Clique no ficheiro ou página Web existente
- Digite um URL no campo Endereço
- Se não souber o endereço de um ficheiro, clique na seta na lista Procurar e, em seguida, vá para o ficheiro pretendido.

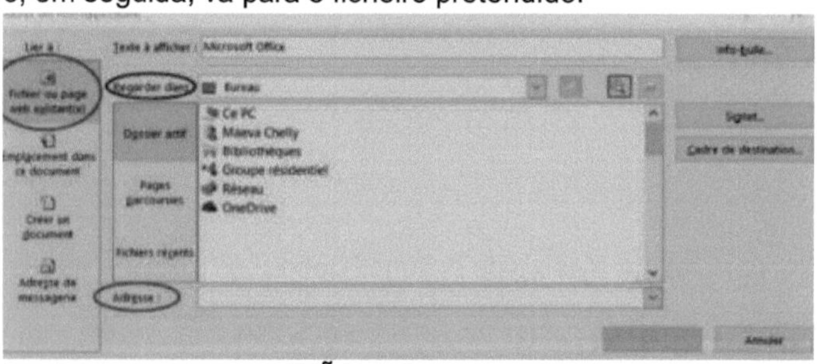

2. **CRIAR UMA LIGAÇÃO PARA UM FICHEIRO QUE AINDA NÃO FOI CRIADO**

- Clique em Criar um documento
- Digite o nome do novo ficheiro na caixa Nome do novo documento
- Na secção Quando mudar
- Clique em Modificar novo documento mais tarde ou Modificar novo documento agora

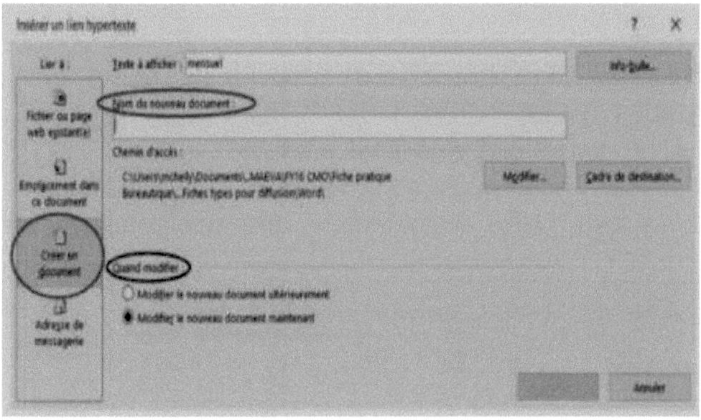

CAPÍTULO III

TABELA DE POWERPOINT

III.1.INSERÇÃO DE UMA TABELA

Para inserir uma tabela no PowerPoint, siga estes passos;

1. Na Faixa de Opções, selecione o separador **Inserir** e, em seguida, clique no ícone **Tabela**. Com o rato, utilize a matriz para selecionar o número de linhas e colunas da sua tabela.

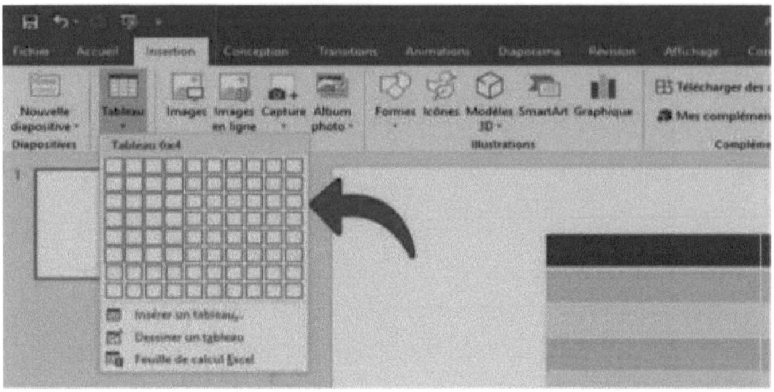

2. Um novo objeto de tabela é então inserido no diapositivo. Este não só falta completá-lo.

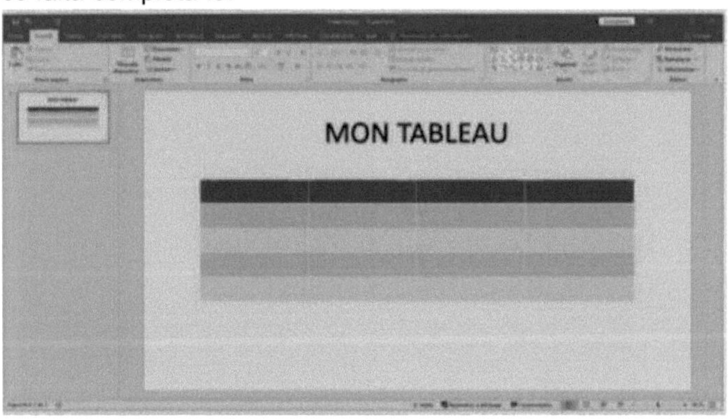

III.2.MODIFICAR UMA TABELA

ADICIONAR UMA LINHA

1. Clique numa célula da tabela na linha acima ou abaixo da qual pretende que a nova linha apareça.
2. No separador **Layout**, no grupo **Linhas e Colunas**, execute uma das seguintes operações:

o Para adicionar uma linha acima da célula selecionada, clique em **Inserir acima**.

o Para adicionar uma linha abaixo da célula selecionada, clique em **Inserir** em .

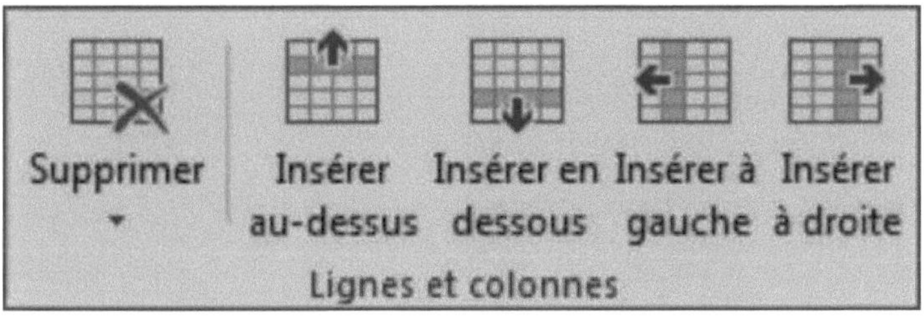

Nota:

Para adicionar várias linhas de uma só vez, utilize o rato para arrastar e selecionar um número igual de linhas até à quantidade que pretende adicionar e, em seguida, clique em **Inserir acima** ou **Inserir abaixo**.

Por exemplo, selecione três linhas existentes, clique em **Inserir acima** ou **Inserir abaixo** e serão adicionadas três linhas extra.

Para adicionar uma linha no final de uma tabela, clique na célula mais à direita da última linha e prima Tab.

ADICIONAR UMA COLUNA

1. Clique numa célula da tabela à direita ou à esquerda da coluna em que pretende que a nova coluna apareça.
2. No separador **Layout**, no grupo **Linhas e Colunas**, execute uma das seguintes acções:

o Para adicionar uma coluna à esquerda da célula selecionada, clique em **Inserir à esquerda**.

o Para adicionar uma coluna à direita da célula selecionada, clique em **Inserir à direita**.

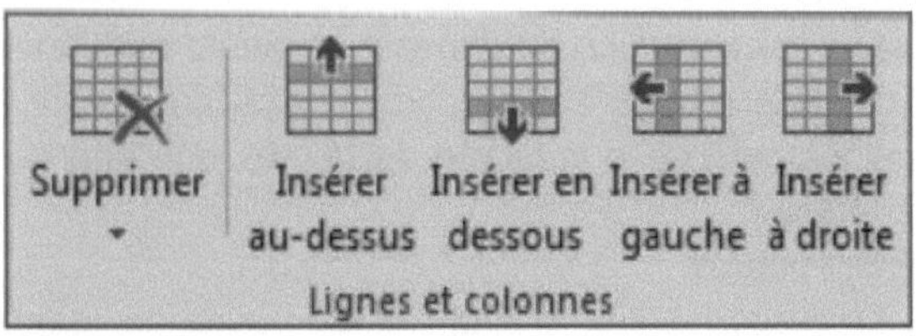

Nota:

Para adicionar mais do que uma coluna de cada vez, utilizando o rato, arraste para selecionar um número igual de colunas até à quantidade que pretende adicionar e, em seguida, clique em **Inserir à esquerda** ou **Inserir à direita**. Por exemplo, selecione três colunas existentes, clique em **Inserir à esquerda** ou **Inserir à direita** e serão adicionadas mais três colunas.

ELIMINAR UMA LINHA OU COLUNA

1. Clique numa célula da tabela na coluna ou linha a eliminar.
2. No separador **Apresentação**, no grupo **Linhas e Colunas**, clique em **Eliminar** e, em seguida, clique em **Eliminar colunas** ou **Eliminar linhas**.

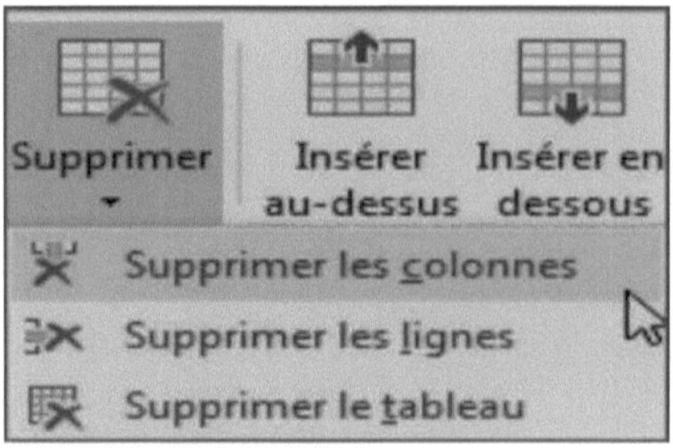

APAGAR UMA TABELA

1. Clique na tabela para a selecionar.
2. No separador **Disposição**, no grupo **Linhas e Colunas**, clique em **Eliminar** e, em seguida, clique em **Eliminar tabela** ou prima Eliminar no teclado.

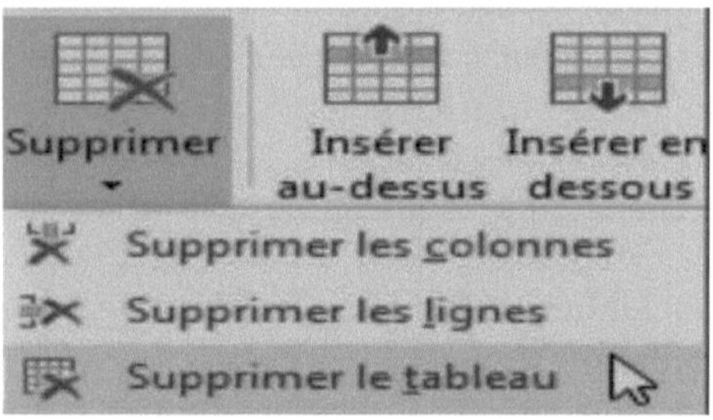

III.3.REDIMENSIONAR UMA TABELA

Para redimensionar uma tabela, siga estes passos :

1. Clique na tabela a ser redimensionada.
2. Na borda da tabela, aponte para uma alça de dimensionamento e, quando o ponteiro se tornar um -, clique e arraste a alça para ampliar ou reduzir a tabela. Uma alça de dimensionamento é o conjunto de pontos que aparece nos cantos e nas laterais da tabela.

Tenha em atenção os seguintes pontos:

4- Para manter a mesma proporção entre a altura e a largura da tabela quando a redimensiona, mantenha premida a tecla Shift enquanto arrasta para redimensionar a tabela.

4- Para manter a tabela centrada no diapositivo, mantenha premida a tecla Ctrl enquanto arrasta para redimensionar a tabela.

ч- Se tornar a tabela demasiado grande para o diapositivo, clique em Desfazer na barra de ferramentas de acesso rápido para restaurar a tabela para o tamanho original.

INTRODUZIR UM TAMANHO DE TABELA ESPECÍFICO

1. Clique na tabela a ser redimensionada.

2. Em **Ferramentas de tabela**, no separador **Layout** , no grupo **Tamanho da tabela** , introduza o tamanho pretendido nos campos **Altura** e **Largura** .

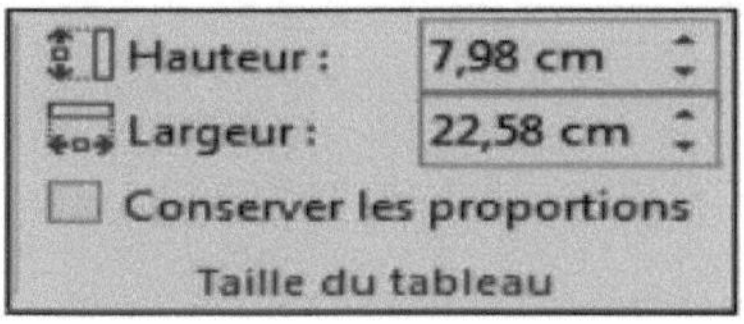

Para manter a mesma relação entre a altura e a largura da tabela quando a redimensiona, active a **caixa de verificação Bloquear relação de aspeto.**

DESLOCAÇÃO DE UMA MESA

1. Clique na tabela a mover.
2. Coloque o ponteiro na borda mais externa da tabela (mas não nos pontos) e, quando o ponteiro se tornar um "I", clique e arraste a borda para mover a tabela.

Sugestão: Para mover uma tabela e criar um duplicado, prima sem soltar a tecla Ctrl enquanto arrasta a tabela.

III.4.ALINHAR UMA TABELA

Para alterar o alinhamento, basta fazer o seguinte:

1. Clique com o botão direito do rato na tabela que pretende alinhar e, em seguida, clique em **Propriedades da tabela**.
2. Na caixa de diálogo **Propriedades da tabela**, clique no separador **da tabela**.
3. Em **Alinhamento horizontal**, clique na alinhamento pretendida.

111.5. FORMATAÇÃO DE UMA TABELA

1. Selecionar a tabela.
2. Selecione o separador **Layout**.
3. Para efetuar alterações, escolha entre os diferentes grupos:

- **Linhas e colunas**
- **Fundir**
- **Tamanho da célula**
- **Alinhamento**
- **Tamanho da mesa**

111.6. FORMATAÇÃO AVANÇADA

A. ADICIONAR TEXTO

Prima no espaço fornecido e, em seguida, escreva ou cole o texto.

Se o seu texto exceder o tamanho do espaço reservado, o PowerPoint reduz o tamanho do tipo de letra e o espaçamento entre linhas gradualmente à medida que escreve para que o texto caiba.

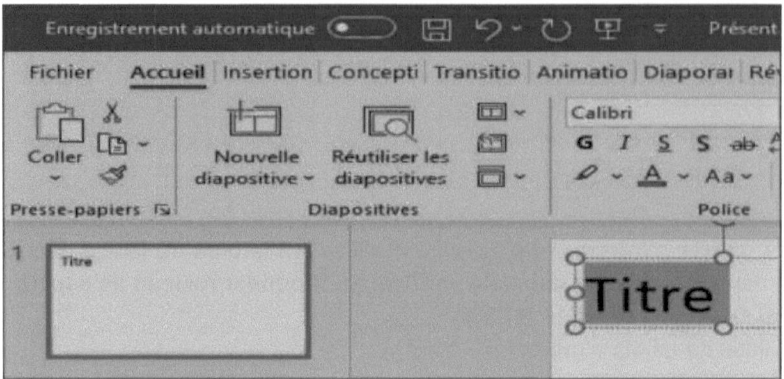

B. INSERÇÃO DE IMAGENS

1. Selecione a posição onde pretende inserir a imagem no diapositivo.
2. No separador **de inserção**, selecione **imagens** ou **imagens online**.
3. Na caixa de diálogo que se abre, localize a imagem que pretende inserir, prima-a e clique em **Inserir**.

C. INSERÇÃO DE FORMAS, ÍCONES, GRÁFICOS E DIAGRAMAS SMARTART

O separador **de inserção** dar um toque visual aos seus diapositivos.

- >Selecione **inserir formas** e, em seguida, na lista pendente, selecione a forma.
- >No menu pendente, selecione **inserir ícones** e, em seguida, selecione o ícone.
- >Selecione **inserir gráfico SmartArt** e, em seguida, na Galeria, prima o esquema de gráfico SmartArt da sua escolha.
- >Selecione **inserir** , clique no tipo de gráfico pretendido e, em seguida, faça duplo clique no gráfico pretendido.

D. INSERÇÃO DE VÍDEOS

1. No seu navegador Web, procure o vídeo que pretende.
2. Para um vídeo online, copie o URL da página Web da barra de endereços do seu browser.
3. Regresse ao PowerPoint e selecione o diapositivo no qual pretende colocar o vídeo.
4. > No separador **Inserir** da Faixa de Opções, selecione **Vídeo Vídeo online**.
5. Na caixa de diálogo **Vídeo online**, cole o URL que copiou no passo 2.
6. Selecione **Inserir**.

CAPÍTULO IV

GRÁFICO EXCEL

Gráfico: um gráfico pode ser definido como uma representação pictórica da relação entre duas ou mais variáveis que contêm valores quantitativos.[3]

Diagrama: um diagrama pode ser definido como uma representação visual de qualquer tipo de dados sob a forma de diagrama, imagem ou gráfico, e destina-se a facilitar a compreensão da informação.[4]

IV.1.DIFERENTES TIPOS DE GRÁFICOS

Os dados são a pedra angular da eficiência empresarial. Sem dados, não é possível obter as informações necessárias para realizar o trabalho. Além disso, ao ler e analisar rapidamente os seus dados, pode compreender como determinados factores influenciam o seu sucesso global e a tomada de decisões proactivas. É por isso que a visibilidade dos dados é tão importante. A criação de um gráfico ou diagrama ajuda-o (e a outros colaboradores) a interpretar os dados e as questões subjacentes.

IV.1.1.GRÁFICO DE ÁREAS

Um gráfico de áreas é utilizado para apresentar dados quantitativos. Baseia-se no gráfico de curvas (ver definição abaixo). A área entre o eixo e a curva é normalmente realçada utilizando cores, texturas e hachuras. Na maioria dos casos, o utilizador utilizará o gráfico de áreas para comparar dois ou mais valores. Um gráfico de linhas é geralmente mais fácil de ler quando muitos valores a apresentar. Este tipo de gráfico é particularmente adequado quando é necessário comparar 2 a 5 valores diferentes que se alteram ao longo do tempo, como por exemplo uma alteração plurianual nas *Vendas versus Custos*.

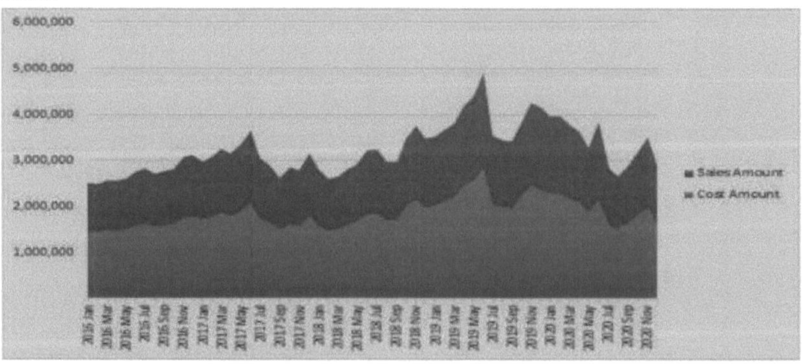

IV.1.2.GRÁFICO DE BARRAS

Um gráfico de barras apresenta dados agrupados sob a forma de barras

---

1 [3] https://www.voxco.com, consultado em 16/10/2023 às 04h31".

[4] Idem

rectangulares, cujos comprimentos são proporcionais aos valores que representam. As barras são dispostas horizontalmente. Um caso de utilização relevante para este tipo de gráfico é quando tem dados comparativos organizados em 10 ou mais categorias, com etiquetas longas. Por exemplo, um gráfico de *Vendas por representante*, em que um grande número de representantes é identificado pelo seu nome completo.

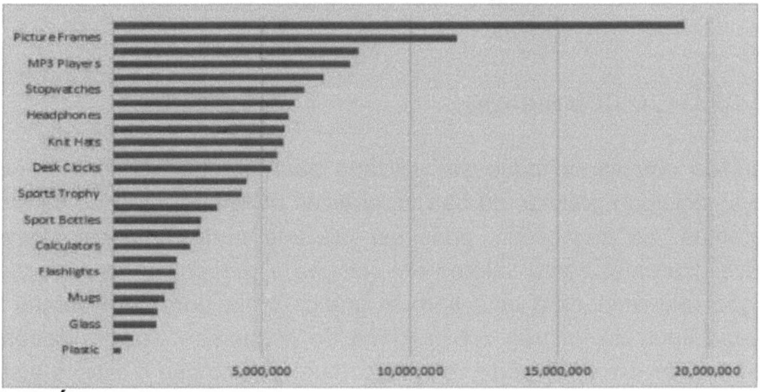

IV.1.3.GRÁFICO DE BOLHAS

Os gráficos de bolhas são semelhantes aos gráficos de dispersão, mas têm um atributo adicional. Tal como no gráfico de dispersão, dois atributos indicam as posições X e Y da bolha. Os gráficos de bolhas acrescentam um terceiro atributo que afecta o tamanho da bolha. Este tipo de gráfico pode ser utilizado, por exemplo, para comparar *custos e lucros*, com o tamanho da bolha a variar de acordo com a percentagem das vendas totais.

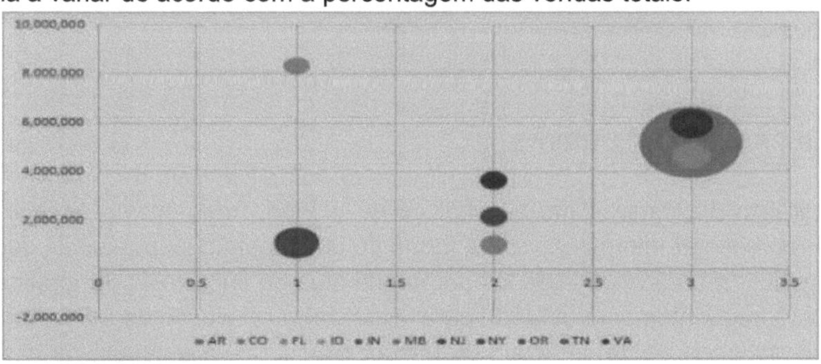

IV.1.4.HISTOGRAMA

Um histograma é uma representação gráfica de dados. Um histograma é apresentado sob a forma de barras verticais sucessivas que percorrem toda a largura do gráfico, os valores no eixo das ordenadas apresentados à esquerda do gráfico em . Este tipo de gráfico é recomendado para dados comparativos organizados em 10 categorias ou menos, com etiquetas curtas. Por exemplo, um gráfico de *Vendas por categoria de produto* sem várias categorias e com nomes relativamente curtos.

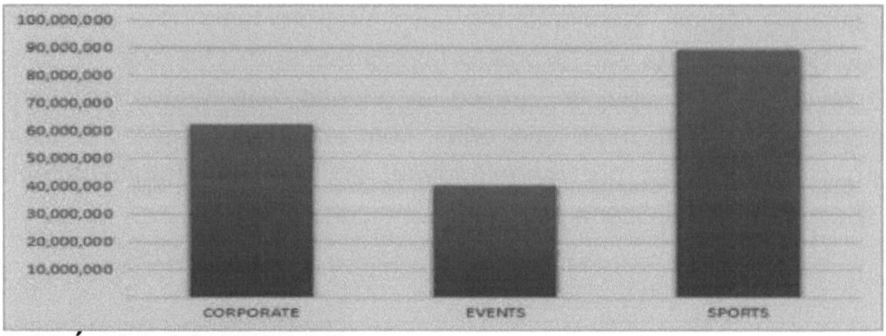

IV.1.5.GRÁFICO COMBINADO

Um gráfico combinado pode ser utilizado para agrupar diferentes tipos de gráficos, incluindo gráficos de barras, gráficos de linhas, gráficos de áreas e histogramas. Se necessário, pode ser utilizado para comparar valores de natureza diferente, como valores em relação a percentagens. Um caso de utilização relevante para este tipo de gráfico seria uma comparação entre diferentes tipos de valores sob a forma de esquemas visuais ligeiramente diferentes. Por exemplo, pode ser utilizado um gráfico que mostre *a evolução das vendas, dos custos e das margens de lucro* ao longo do tempo.
tempo.

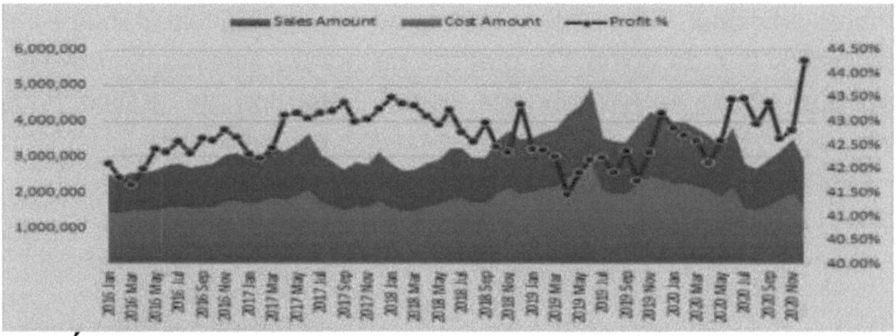

IV.1.6.GRÁFICO DE CURVAS

Um gráfico de linhas é um tipo básico de gráfico, frequentemente utilizado para representar informação sob a forma de um conjunto de pontos de dados, chamados "marcadores", ligados por segmentos de linha reta. Um gráfico de linhas é frequentemente utilizado para visualizar a revolução de determinados dados ao longo de um intervalo de tempo, com a curva a seguir, na maioria das vezes, uma ordem cronológica. Este tipo de gráfico é recomendado para comparar a evolução de vários valores, por exemplo, as *quantidades disponíveis por categoria de produto.*
ao longo do tempo.

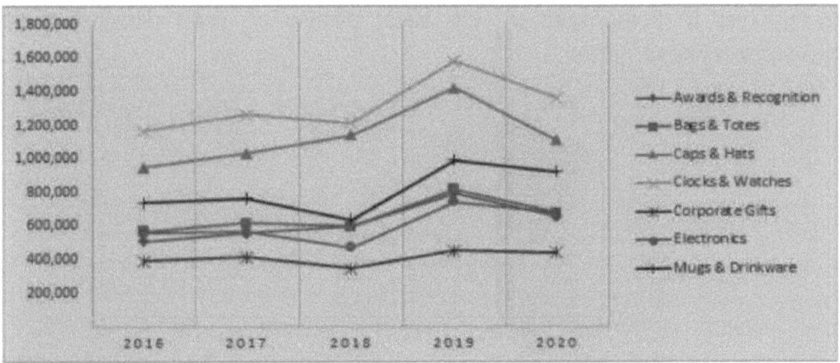

IV.1.8.GRÁFICOS DE DISPERSÃO

Também conhecido como gráfico de dispersão, este é um tipo de gráfico ou diagrama matemático que utiliza coordenadas cartesianas para apresentar os valores de duas variáveis para um conjunto de dados. Se os pontos tiverem um código de cores, pode aumentar o número de variáveis até três. Os dados são apresentados como um conjunto de pontos, cada um com o valor de uma variável a determinar a sua posição no eixo horizontal e o valor da outra variável a determinar a sua posição no eixo vertical. Um caso de utilização relevante seria representar graficamente a frequência de ocorrência ou os montantes totais em duas dimensões, como *Vendas por estado e categoria de produto*.

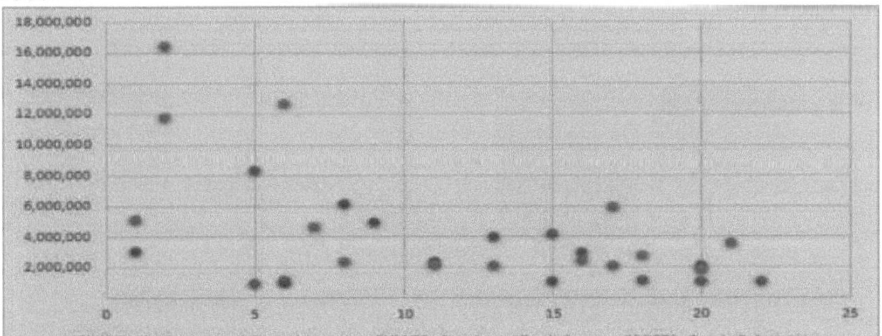

IV.1.9.GRÁFICOS SECTORIAIS

Um gráfico de tartes (também conhecido como gráfico de tartes ou diagrama de tartes) é um gráfico estatístico de forma circular, dividido em partes e que ilustra uma proporção numérica. Num gráfico de tartes, o comprimento do arco de cada parte e, por conseguinte, o seu ângulo central e área, são proporcionais à quantidade que representa. Um gráfico de pizza só pode exibir um conjunto de dados. O Excel usa o identificador dessa série como título do gráfico (por exemplo, "Flores") e exibe os valores dessa série em partes proporcionais no gráfico de pizza. Esse tipo de gráfico é adequado para mostrar a distribuição de um valor dentro de uma dimensão, como *Vendas por representante*.

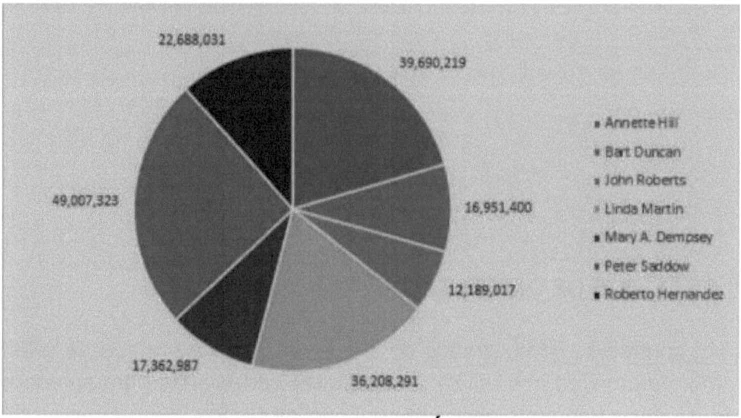

IV.1.10.HISTOGRAMA DE LARGURA VARIÁVEL

Também conhecido como gráfico Marimekko ou Mekko, um histograma de largura variável é um gráfico de barras em que a largura das colunas é ajustada de modo a que a largura total corresponda à largura pretendida do gráfico, sem espaços entre as colunas. Esse tipo de gráfico é útil para comparar como um valor se divide em porcentagens dentro de uma dimensão.

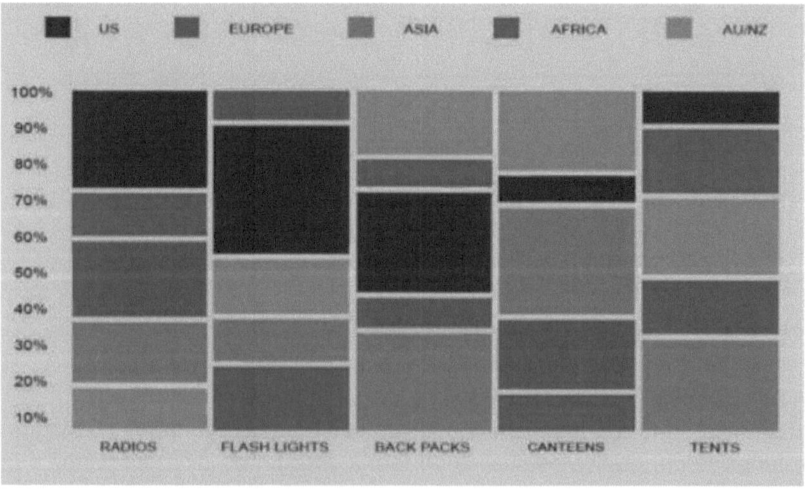

IV.1.11.3D GRÁFICOS DE ÁREA

Os gráficos de área 3D apresentam uma revolução de valores ao longo de um período ou outros dados de categoria e utilizam três eixos editáveis (horizontal, vertical e profundidade). Este tipo de gráfico é recomendado para comparar a distribuição de um valor dentro de uma categoria e a sua evolução cronológica, como *a evolução das vendas por região.*

IV.1.12.GRÁFICO DE ÁREAS EMPILHADAS

Um gráfico de áreas empilhadas apresenta uma revolução da contribuição de cada valor durante um determinado período ou outros dados categóricos. É aconselhável explicar o gráfico empilhado aos utilizadores para que estes possam compreender os valores apresentados. Um gráfico de áreas empilhadas 3D é apresentado da mesma forma, mas utiliza uma perspetiva 3D e não tem um terceiro eixo. Este tipo de gráfico é relevante para mostrar como diferentes variáveis contribuem para o valor total ao longo do tempo.

IV.1.12.1.HISTOGRAMA EMPILHADO

Os histogramas empilhados mostram a relação parcial ou completa entre diferentes categorias e, portanto, são semelhantes aos gráficos de área empilhada. Este tipo de gráfico requer pelo menos duas categorias dimensionais: uma para colunas empilhadas e outra para comparação. Este tipo de gráfico é relevante para mostrar como diferentes partes contribuem para o valor total ao longo do tempo para uma determinada categoria.

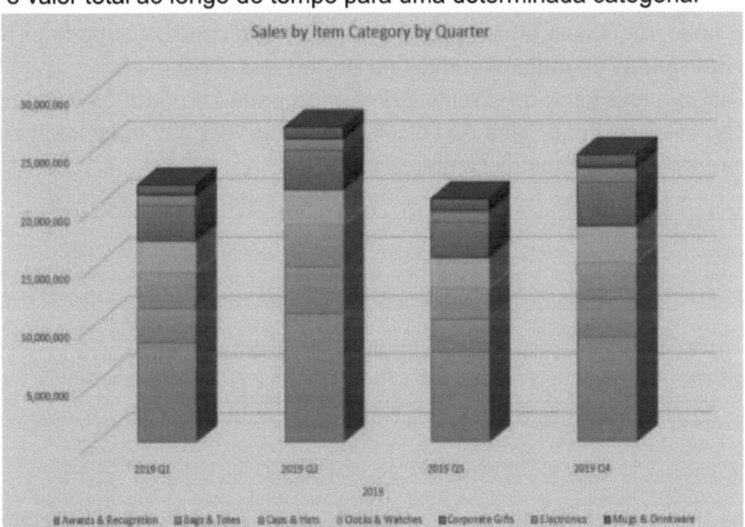

IV.2.ESCOLHER O TIPO DE GRÁFICO

Se tem dados para visualizar, certifique-se de utiliza o gráfico correto. Embora os seus dados possam ser visualizados em vários tipos diferentes de gráficos, é seu dever selecionar aquele que proporciona a melhor clareza e precisão à sua mensagem. Lembre-se de que os dados só são um ativo se souber como representá-los no contexto.

É por isso que, antes de criar um gráfico, é importante compreender o seu objetivo. Os gráficos, mapas e infografias ajudam as pessoas a compreender dados complexos, a encontrar padrões, a identificar tendências e a contar uma história. Pense na mensagem que quer transmitir ao seu público

Em conclusão, siga as boas práticas de design gráfico, porque os seus números têm de falar por si e os seus gráficos têm de se adaptar em conformidade.

IV.3.GRÁFICO DE RADAR

Para inserir um gráfico de radar no PowerPoint, deve primeiro abrir uma apresentação em branco. De seguida, vá ao menu Inserir e clique em Gráfico. Aqui pode escolher o tipo de gráfico antes de ser inserido no diapositivo.

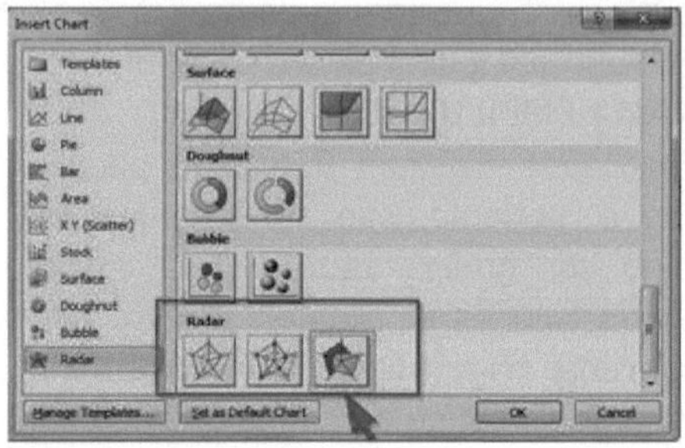

Como pode ver, existe uma categoria de radar dedicada. Aqui pode escolher entre três mapas de radar diferentes no PowerPoint 2010.

Será aberta uma folha de cálculo Excel onde pode introduzir os seus dados reais ou colar de outra folha de cálculo Excel que tenha com as informações da sua empresa ou estudos de mercado.

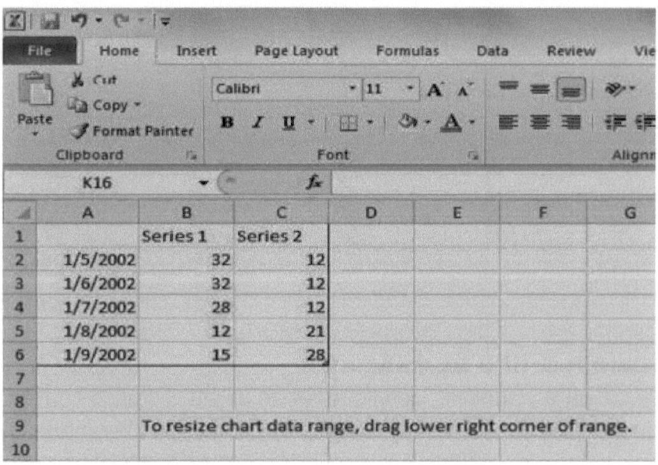

	A	B	C
1		Series 1	Series 2
2	1/5/2002	32	12
3	1/6/2002	32	12
4	1/7/2002	28	12
5	1/8/2002	12	21
6	1/9/2002	15	28

Quando tiver terminado, feche o Excel e o gráfico aparecerá. Eis um exemplo:

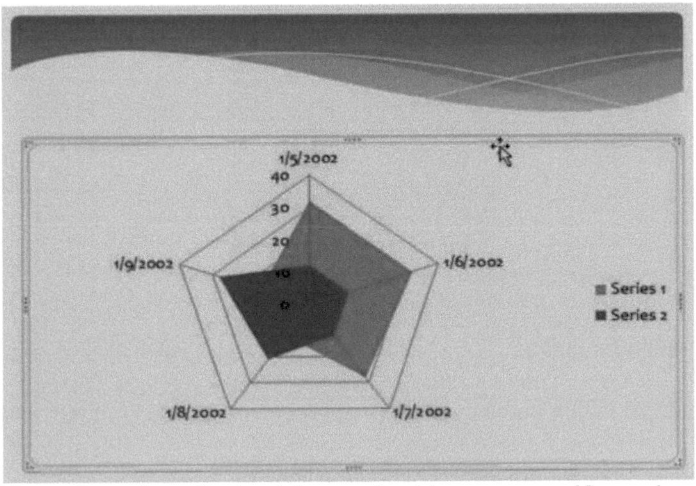

Os gráficos de radar são também conhecidos como gráficos de aranha, porque a representação é semelhante a uma teia com uma aranha. Este tipo de gráfico compara visualmente várias entidades (por exemplo, produtos, organizações, oportunidades de investimento, pessoas, etc.) em várias dimensões.

IV.4.CURVA DO GRÁFICO

Para inserir um gráfico de Curvas numa folha de Excel :

1. Selecione uma célula no intervalo de dados ou selecione as células a serem apresentadas no gráfico.
2. No separador Inserir / Gráficos, clique no botão Inserir um gráfico de linhas.
3. Clique no modelo que pretende.

Clique nos botões à direita do gráfico para o personalizar.

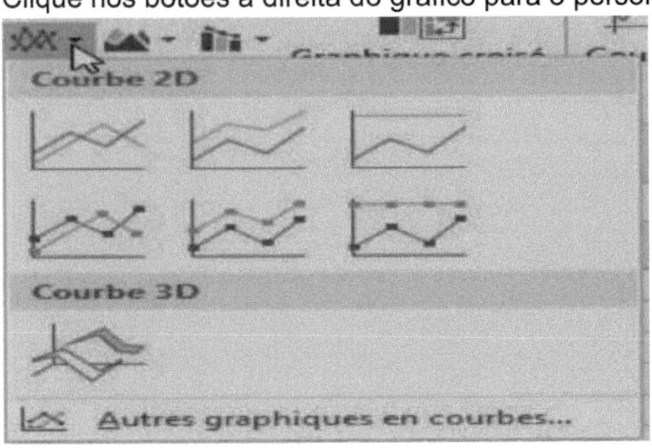

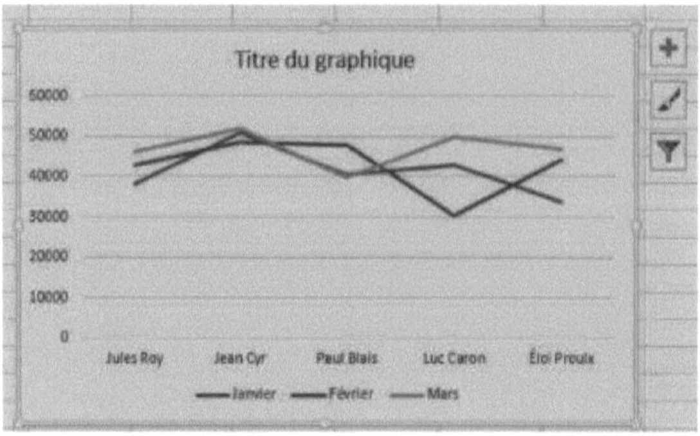

Para arredondar curvas :

1. Faça duplo clique numa curva para apresentar o painel Formatar série de dados.
2. Assinale Suavizar em Preenchimento e linha.

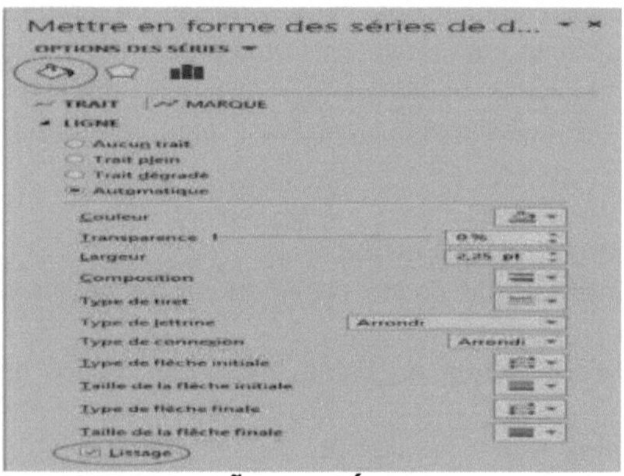

IV.5.MODIFICAÇÃO DE SÉRIES DE DADOS

Para modificar a série de dados, basta fazer o seguinte;

1. Clique com o botão direito do rato no gráfico e **selecione Selecionar dados.**

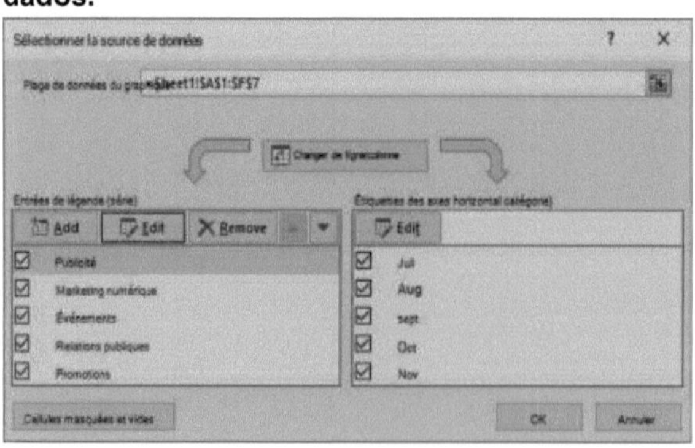

2. Na área **Entrada de legenda (Série)**, clique na série que pretende modificar.
3. Clique em **Modificar**, efectue as alterações pretendidas e clique em **OK**.

As alterações efectuadas podem interromper as ligações com a fonte de dados na folha de cálculo.

4. Para reorganizar uma série, selecione-a e clique em Mover para **IHJ ou** Mover para LE.

Também pode adicionar uma série de dados ou eliminá-los nesta caixa de diálogo, clicando em Adicionar **ou Eliminar.** A eliminação de um conjunto de dados remove-o do gráfico e não é possível utilizar os filtros do gráfico para o apresentar novamente.

Se pretender mudar o nome de um conjunto de dados, consulte Mudar o nome de um conjunto de dados.

FILTRAR DADOS NO SEU GRÁFICO

Comecemos pelos filtros do gráfico.

1. Clique em qualquer parte do gráfico.
2. **Clique no botão** Chart **Filters (Filtros** do gráfico).
3. No separador **Valores**, assinale ou desmarque as séries ou categorias que pretende mostrar ou ocultar.

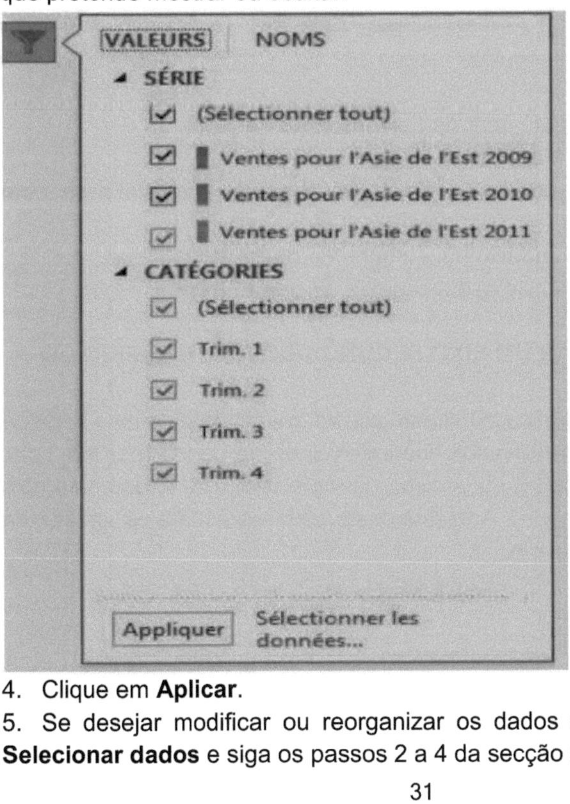

4. Clique em **Aplicar**.
5. Se desejar modificar ou reorganizar os dados da sua série, clique em **Selecionar dados** e siga os passos 2 a 4 da secção seguinte.

IV.6.GRÁFICOS DE COMBINAÇÃO DE DOIS EIXOS

Quando os números num gráfico variam consideravelmente de série de dados para série de dados, ou quando tem tipos de dados mistos (preço e volume), trace uma ou mais séries de dados num eixo vertical secundário (valor). A escala deste eixo apresenta os valores da série de dados a ele associada. Um eixo secundário funciona bem num gráfico que apresente uma combinação histogramas e gráficos de linhas. Pode apresentar rapidamente um gráfico como este alterando o gráfico para um gráfico de combinação.

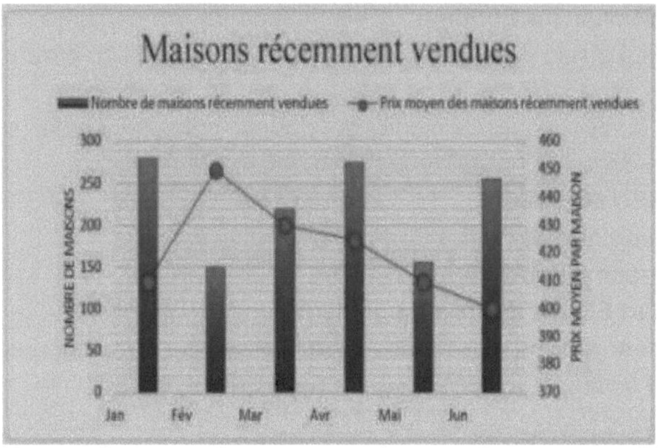

Nota: O procedimento seguinte aplica-se ao Office 2013 e versões posteriores.

1. Selecione um gráfico para abrir **as Ferramentas de gráfico**.
2. > Selecionar **Criação Modificar o tipo de gráfico**.
3. > Selecione **Gráfico combinar grupo Histograma - curva num eixo secundário**.
4. Selecionar **o eixo secundário** para a série de dados a visualizar.
5. Selecione a seta para baixo e, em seguida, escolha **Linha**.
6. Selecione **OK**.

ADICIONAR OU ELIMINAR UM EIXO SECUNDÁRIO NUM GRÁFICO DO OFFICE 2010

Quando os valores num gráfico 2D variam consideravelmente de uma série de dados para outra, ou são utilizados diferentes tipos de dados (por exemplo, preços e volumes), é possível traçar uma ou mais séries de dados num eixo vertical secundário (ordenada). A escala deste eixo representa os valores da série de dados associada a ele.

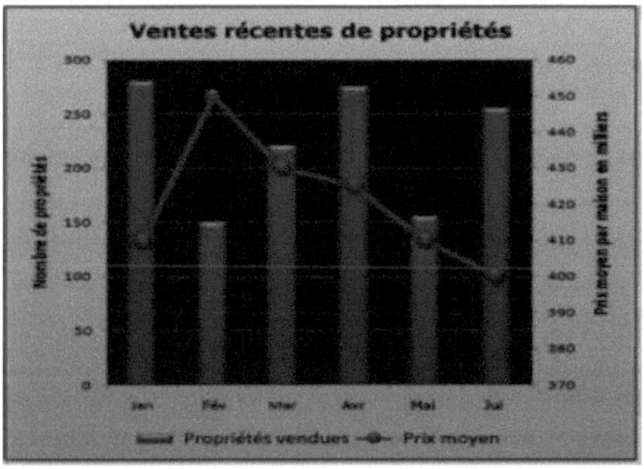

Depois de adicionar um eixo vertical secundário a um gráfico 2D, pode também adicionar um eixo horizontal secundário (eixo x), que pode ser útil num gráfico de dispersão ou num gráfico de bolhas.

Para distinguir melhor as séries de dados representadas no eixo secundário, pode alterar o seu tipo de gráfico. Por exemplo, num histograma, pode converter a série de dados no eixo secundário num gráfico de linhas.

IV.7.MODELOS GRÁFICOS

Os modelos de gráficos são utilizados para formatar gráficos. Os modelos de gráficos podem ser utilizados para configurar uma série de parâmetros de apresentação, incluindo o tamanho do eixo das ordenadas, a largura e a altura do gráfico e as diferentes cores...

CAPÍTULO V

IMPORTAÇÃO DE GRÁFICOS DO POWERPOINT

V.1.INSERIR UM GRÁFICO

Pode criar um gráfico no PowerPoint ou no Excel. Se o seu gráfico se basear em muitos dados, crie-o no Excel e depois copie-o para a sua apresentação. Esta é também a melhor solução se os seus dados mudarem frequentemente e o gráfico tiver de ser atualizado. Neste caso, quando copiar e colar o gráfico, ligue-o ao ficheiro Excel original.

> Para criar um gráfico simples a partir do zero no PowerPoint, clique em **Inserir Gráfico** e, em seguida, selecione o gráfico pretendido.

1. > Clique em **Inserir gráficos**.

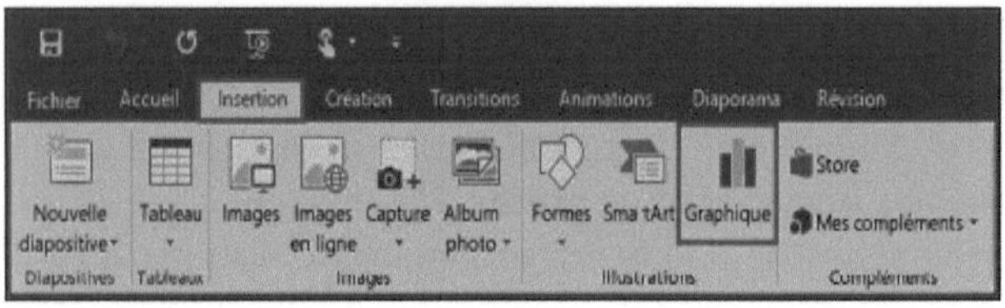

2. Clique no tipo de gráfico e, em seguida, faça duplo clique no gráfico gostaria de ver.

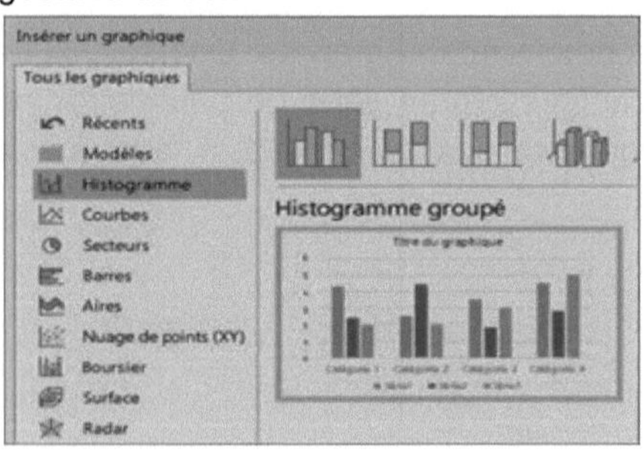

3. Na folha de cálculo que se abre, substitua os dados relativos aos espaços reservados pelas suas próprias informações.

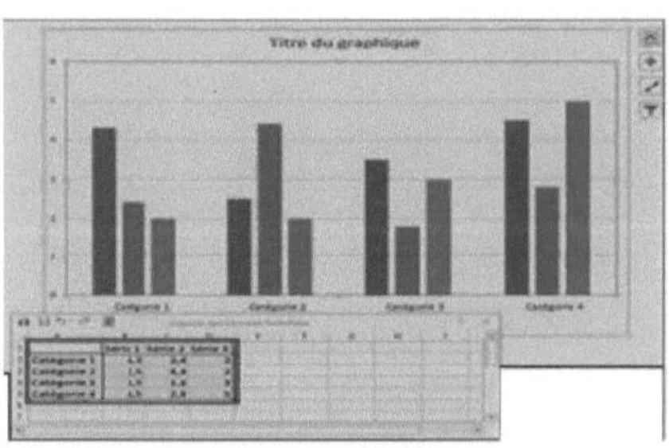

Quando insere um gráfico, aparecem pequenos botões no canto superior direito. Utilize o botão **Elementos do gráfico** para apresentar, ocultar ou formatar elementos como títulos de eixos ou etiquetas de dados. Ou utilize o botão **Estilos de gráfico** para uma opção mais avançada que apresenta ou oculta os dados no seu gráfico.

4. Quando tiveres terminado, fecha a folha de cálculo.

V.2.FORMATAR UM GRÁFICO

>Selecione o elemento do gráfico (por exemplo, séries de dados, eixos ou títulos), clique com o botão direito do rato sobre ele e clique em **Formatar <elemento do gráfico .** O painel **Formatar** é apresentado com opções adaptadas ao elemento de gráfico selecionado.

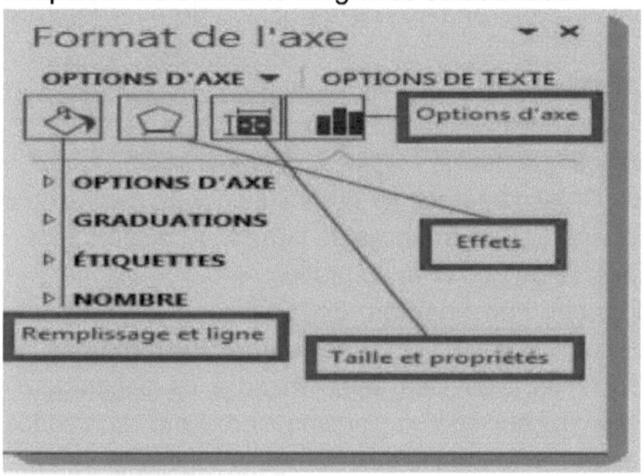

Clicar nos pequenos ícones na parte superior do painel leva-o para outras partes do painel com mais opções. Se clicar noutro elemento do gráfico, verá que o painel Office é automaticamente atualizado para o novo elemento do gráfico.

Por exemplo, para formatar um eixo :

1. Clique com o botão direito do rato no eixo do gráfico e, em seguida, clique em **Formatar eixo.**

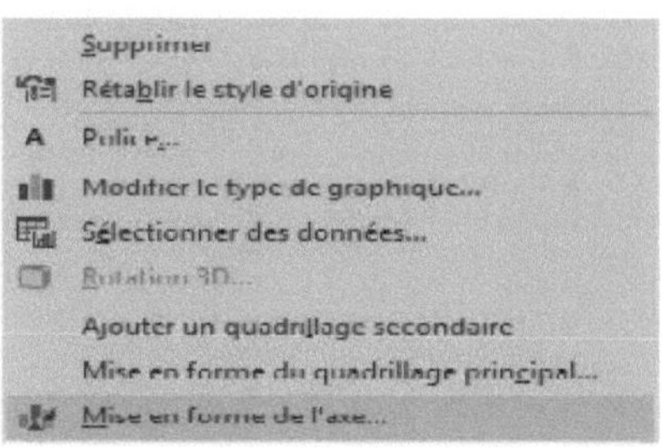

2. No painel **Formato do Eixo** do Office, efectue as seguintes alterações desejado.

Pode mover ou redimensionar o painel do Office para o tornar mais fácil de utilizar. Clique no chevron no canto superior direito.

ₒ Selecione **Mover** e arraste o painel para uma nova localização.

ₒ Selecione **Tamanho** e, em seguida, arraste a extremidade do painel para o redimensionar.

V.3.MODIFICAÇÃO DE DADOS

Para modificar os dados, basta seguir as etapas abaixo:

1. No slide, selecione o gráfico que deseja modificar. **O separador contextual Ferramentas de** Gráfico aparece na parte superior do gráfico do PowerPoint. Se não vir o separador **Ferramentas** de Gráfico ou o separador Criação abaixo dele, certifique-se de que clica no gráfico para o selecionar.

Nota: O separador Design em **Ferramentas de** Gráfico é diferente do separador Design predefinido no PowerPoint. **O separador Ferramentas** de Gráfico só aparece quando um gráfico está selecionado e os separadores **Design,** Disposição e Formatação sob o mesmo fornecem comandos diferentes relacionados apenas com o gráfico selecionado.

2. Em **Ferramentas de** gráfico, no **separador** Criação, no **grupo** Dados, clique em Modificar **dados.**

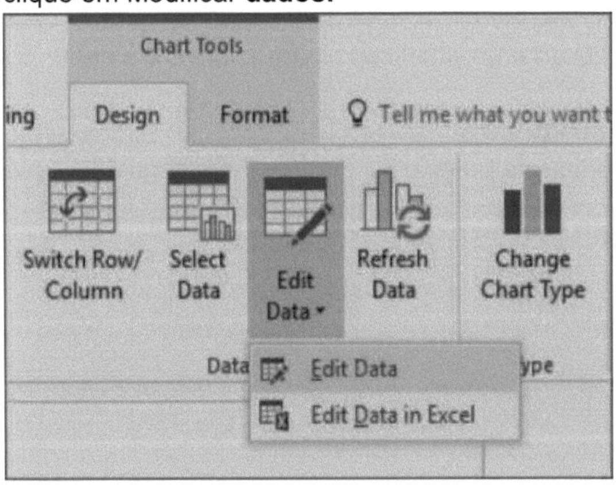

3. O utilizador fez uma das seguintes opções:

• Para modificar os dados nos dados do PowerPoint, clique **em Modificar dados.** Será aberta uma janela de folha de cálculo.

Nota: Se as turmas em que está a trabalhar tiverem requisitos de arranque específicos, como a ativação de conteúdos, também tem de o fazer na janela.

- Para modificar os dados diretamente no Excel, clique **em Modificar dados no Excel.**
- Efectue as alterações pretendidas. Estas serão reflectidas no gráfico do PowerPoint.

CAPÍTULO VI

EXERCÍCIO DE UTILIZAÇÃO DA APLICAÇÃO OUTLOOK

O Outlook é um programa do pacote Microsoft Office que lhe permite receber e enviar e-mails, arquivá-los, gerir um livro de endereços completo e gerir as suas tarefas e o seu tempo. No local de trabalho, o Outlook pode ser ligado para que possa verificar a disponibilidade de outras pessoas para marcar compromissos.

VI.1.HORÁRIO

Para criar um calendário com o Outlook, siga estes passos :

1. No **Outlook**.com, selecione Calendário. > > Adicionar um calendário **Criar um calendário**.
2. Dê um nome ao seu calendário.
3. Personalize o seu calendário com uma cor, um amuleto ou ambos.
4. Opcional: adicione o seu calendário a um grupo de calendários existente.
5. Selecione Guardar.

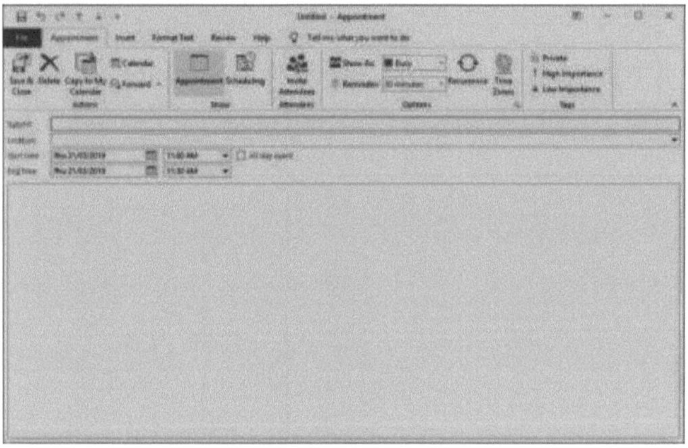

VI.2.CRIAÇÃO DE NOMEAÇÕES

Para criar um compromisso recorrente, siga estes passos:

1. Abrir **o Microsoft Outlook**
2. No painel de pastas, selecione Calendário

3. Localize o dia e a hora na vista de Calendário onde pretende adicionar um compromisso recorrente. Clique uma vez com o botão esquerdo do rato.

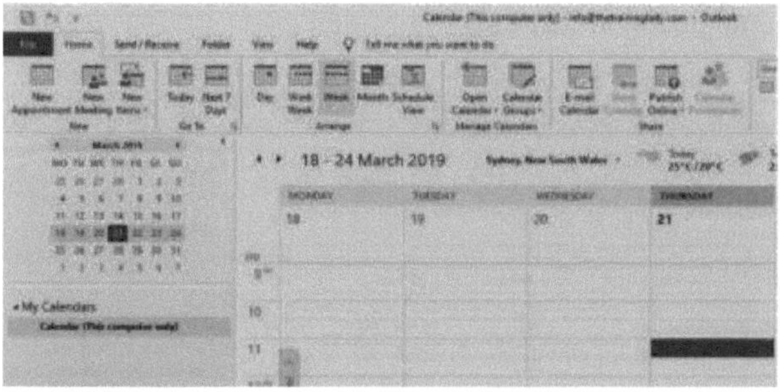

4. Aparecerá uma barra azul
5. Faça duplo clique na faixa horária para abrir a janela Sem título - Marcação :

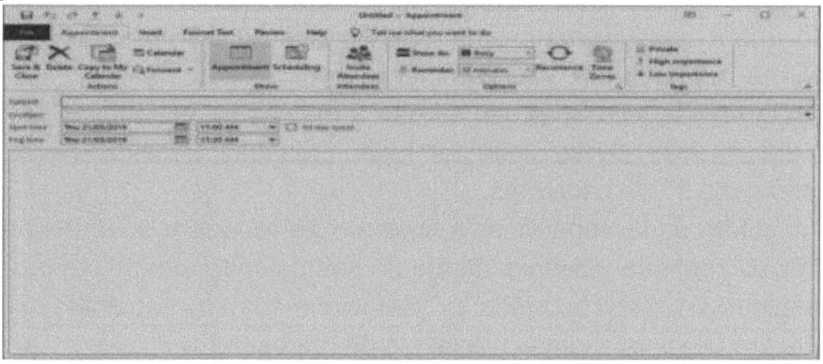

6. Ao fazer duplo clique para abrir a janela, a hora de início e a hora de fim foram preenchidas com base na faixa horária selecionada.
7. Pode agora acrescentar um assunto, como o pagamento da conta do telefone.
8. No campo "Localização", pode optar por deixar este campo em branco se não se aplicar à marcação. Em alternativa, pode introduzir um endereço ou local para esta marcação recorrente.
9. Certifique-se de que a hora de início e a hora de fim estão corretas para a data e a hora. Caso contrário, basta clicar no ícone do calendário para ajustar as datas.
10. Em seguida, é necessário escolher a forma de apresentar este período no calendário. Será simplesmente que vai estar ocupado ou que não vai estar no escritório?

RECURSO

1. Agora, clique no botão Recorrência na Faixa de Opções.
2. É apresentada a caixa de diálogo Recorrência de marcação de consultas.

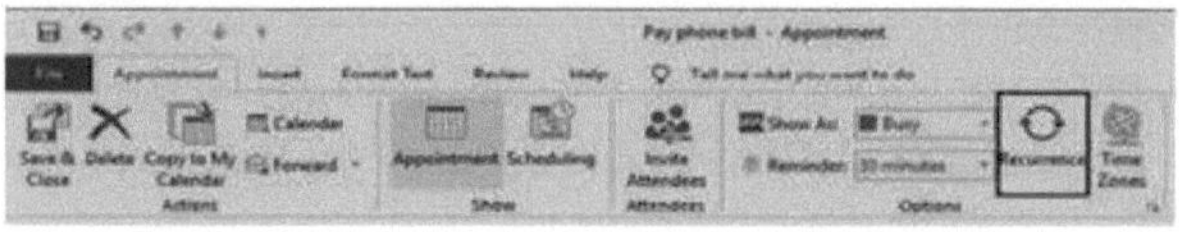

3. Aparece a caixa de diálogo Recorrência de compromissos.

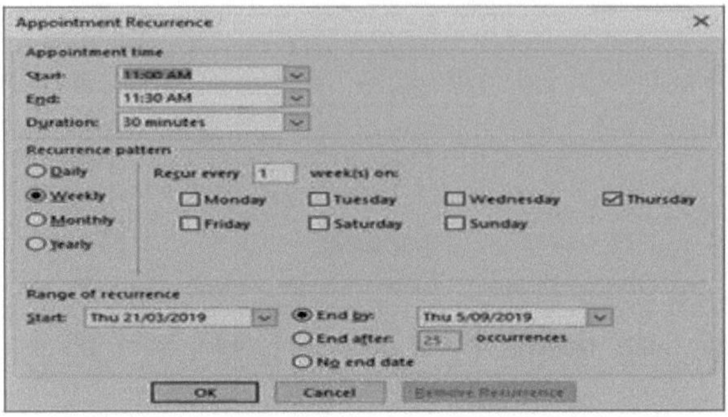

4. Pode agora especificar um padrão de recorrência, por exemplo, diário, semanal, mensal ou anual. Vou escolher Mensal
5. Pode agora escolher se pretende que a marcação tenha lugar sempre no mesmo dia do mês ou se deve ter lugar todas as terceiras terças-feiras. Selecciono o dia 21 de cada mês.
6. Em seguida, pode especificar o intervalo de recorrência. Pretende que o compromisso continue indefinidamente no seu calendário ou deve parar após um determinado número ocorrências? Selecione entre as seguintes opções
7. Clique em OK para regressar à janela de marcação
8. Os detalhes da recorrência aparecem agora na janela.

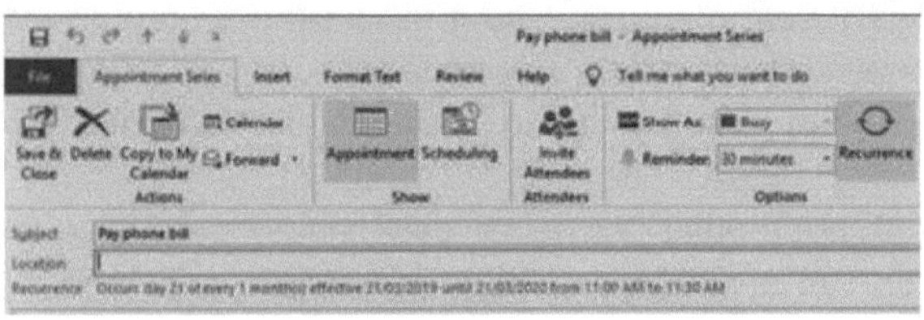

9. Agora clique em Guardar e fechar no friso
10. Avance no seu calendário para a data seguinte em que a sua marcação deve ter lugar e certifique-se de esta aparece no seu calendário.
11. Criou um compromisso recorrente

CONCLUSÃO

Verá agora o seu compromisso recorrente no seu calendário no período que especificou. Por predefinição, também receberá um lembrete no mesmo dia através da janela de lembretes. Clique aqui para obter mais artigos sobre o Microsoft Outlook.

VI.3.CRIAÇÃO E MODIFICAÇÃO DE TAREFAS

VI.3.1.CRIAÇÃO DE TAREFAS

Se pretende planear a sua atividade de forma eficiente, utilize o sistema de tarefas do Outlook. Este sistema permite-lhe definir prazos e controlar as suas actividades.

INo **Outlook 2013 e 2010**, clique em *Novos itens* e, em seguida, em *Tarefa*.

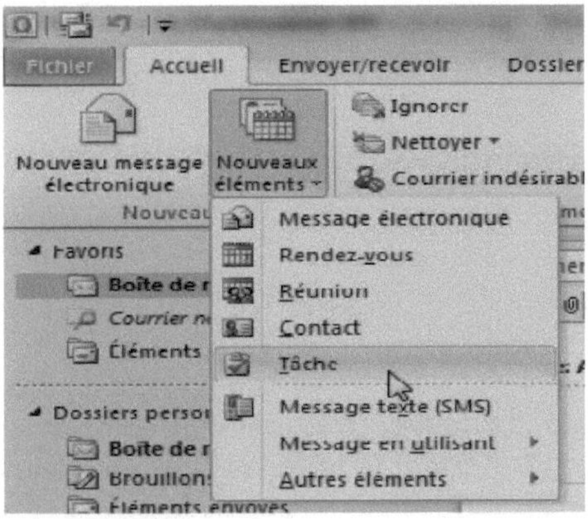

Noutras versões, clique na pequena seta à direita do botão *Novo* na barra de ferramentas e, em seguida, selecione *Ponto*.

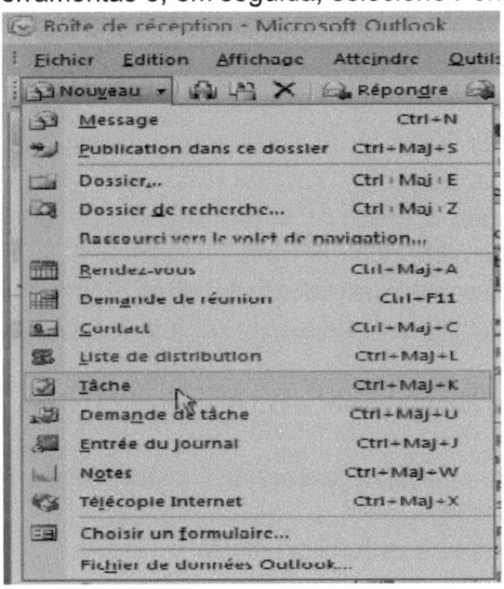

Na janela que se abre, escreva o nome da tarefa no campo *Assunto* e, em seguida, especifique a data de início (se necessário) e a data de vencimento.

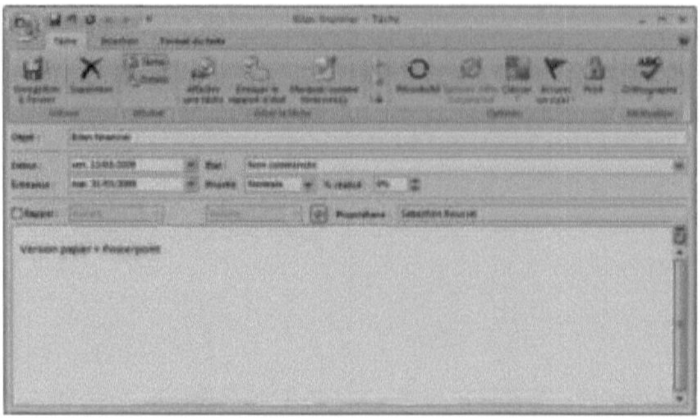

Também pode especificar o estado da tarefa (*Não iniciada, Em curso, Concluída, À espera de outra pessoa* ou *Adiada),* a prioridade (*Baixa, Normal* ou *Alta)* e, finalmente, a percentagem de conclusão.

Também pode escrever os detalhes na caixa na parte inferior da janela.

OPÇÕES :

- Nas versões mais recentes Outlook, pode **classificar a sua tarefa** clicando no botão *Classificar* (no Outlok 2007) ou em *Categorias* (noutras versões).
- Ao marcar a caixa *Lembrar*, pode pedir ao Outlook para **o lembrar da tarefa** numa data futura à sua escolha.
- Para **atribuir a tarefa a outra pessoa**, clique no botão *Atribuir uma tarefa* (ou *Atribuir uma tarefa*) e selecione os contactos relevantes no campo *a.*
- Ao clicar no ou separador *Detalhes,* pode **introduzir detalhes** do trabalho efectuado, tais como tempo de trabalho, quilometragem ou informações de faturação.

Por fim, clique no botão *Guardar e fechar* para concluir.

PARA GERIR AS MANCHAS

Para visualizar a lista de tarefas, abra o módulo *Tarefas* do Outlook: clique no ícone apropriado no painel de navegação.

Basta assinalar uma tarefa para indicar que esta foi concluída.

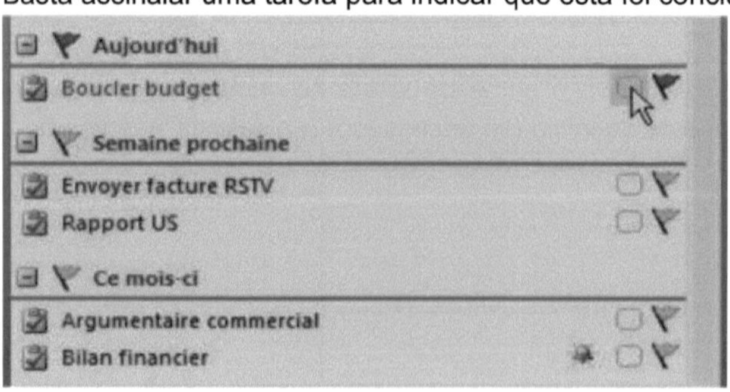

VI.3.2.MODIFICAR UMA TAREFA

Por vezes é necessário modificar uma tarefa, por exemplo, para alterar a percentagem conclusão, a data de vencimento ou para acrescentar notas sobre o trabalho efectuado.

1. No painel da lista de tarefas, faça duplo clique na tarefa a modificar. Esta ação abrirá a janela da tarefa.
2. Efetuar as alterações necessárias.
3. No separador **Página inicial**, **grupo Acções**, clique em **Guardar e fechar.**

VI.4.ATRIBUIÇÃO DE TAREFAS

As tarefas ajudam-no a manter um registo das suas tarefas. Também pode atribuir tarefas a outras pessoas.

1. Na barra de navegação, clique em **Tarefas** e, em seguida, em **Nova tarefa** ou abra uma tarefa existente.
2. Clique **em Atribuir uma tarefa.**

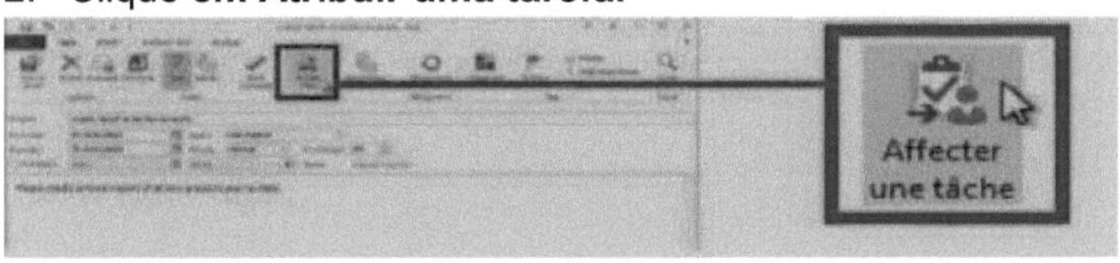

3. No campo **Para**, introduza um nome ou um endereço de correio eletrónico.
4. Introduzir **o assunto,** a data de início e a data de **expiração.**

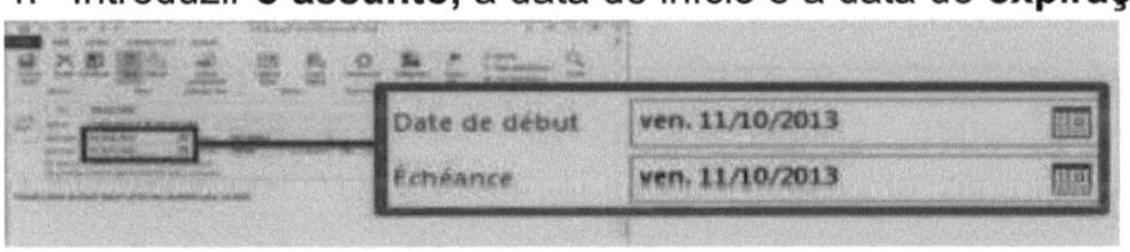

5. Se pretender que a tarefa se repita, clique em **Recorrência**, selecione as opções pretendidas e clique em **OK.**
6. Clique em **Enviar**.

Nota: Se atribuir uma tarefa periódica, uma cópia dessa tarefa permanece na sua lista de tarefas, mas nunca é actualizada. Se assinalar a caixa **Enviar relatório de** estado quando concluído, receberá relatórios de estado para cada instância concluída da tarefa.

VI.5.ATRIBUIÇÃO DE TAREFAS

As tarefas ajudam-no a manter um registo das suas tarefas. Também pode atribuir tarefas a outras pessoas.

1. Na barra de navegação, clique em **Tarefas** e, em seguida, em **Nova tarefa** ou abra uma tarefa existente.

2. Clique **em Atribuir uma tarefa.**

3. No campo **Para**, introduza um nome ou um endereço de correio eletrónico.
4. Introduzir **o assunto,** a data de início e a data de **expiração.**

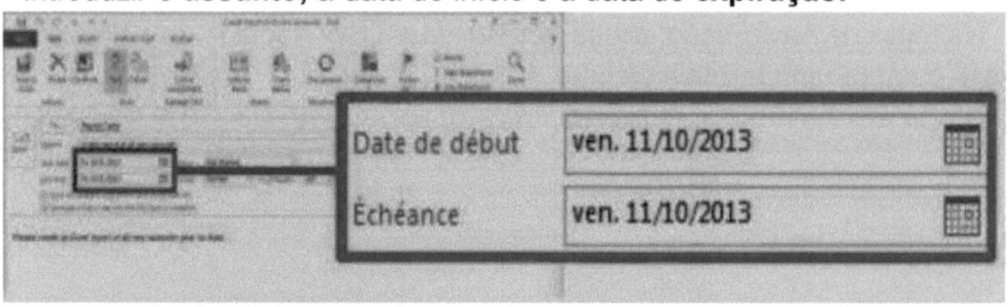

5. Se pretender que a tarefa se repita, clique em **Recorrência**, selecione as opções pretendidas e clique em **OK.**
6. Clique em **Enviar**.

Nota: Se atribuir uma tarefa periódica, uma cópia dessa tarefa permanece na sua lista de tarefas, mas nunca é actualizada. Se selecionar a caixa **Enviar relatório de** estado quando concluído, receberá relatórios de estado para cada instância concluída da tarefa.

CAPÍTULO VII

ANIMAÇÕES EM POWERPOINT

[5]No Powerpoint, **uma animação** é um efeito especial aplicado a um único elemento de um diapositivo, como um texto, uma forma, uma imagem, etc.

VII.1.TRANSIÇÃO

Uma *transição* é o efeito especial que ocorre quando se sai de um diapositivo e se passa para o seguinte durante uma apresentação.

Uma transição é um efeito utilizado para ligar os diapositivos e dar ritmo à apresentação. Uma verdadeira ligação entre os diapositivos, os efeitos de transição garantem que a apresentação flui sem problemas. É preciso ter cuidado para não confundir transição e animação; trata-se de dois efeitos que influenciam o fluxo da apresentação, mas uma transição afecta todo o diapositivouma animação afecta um objeto do diapositivo. Assim, um diapositivo pode ter uma transição e conter vários objectos, cada um com uma ou mais animações.

INSERIR UMA TRANSIÇÃO

Para inserir e definir uma transição, clique no separador "Transições".

Existem 3 passos para inserir uma transição:

1. **Selecione** o diapositivo no qual pretende aplicar a transição.
2. Para colocar uma transição, selecione o **grupo "Transição para este diapositivo"** e, em seguida, utilize a lista para apresentar as transições propostas.
3. **Escolha o tipo de transição** que pretende. Para testar o efeito, coloque o rato sobre uma das transições propostas sem clicar; para escolher a transição e atribuí-la ao diapositivo, clique nela.

Para retificar um erro ou anular uma transição, clique em "Nenhum".
(em cima à esquerda).

[5] https://support.microsoft.com, consultado em 17/10/2023 às 08h39".

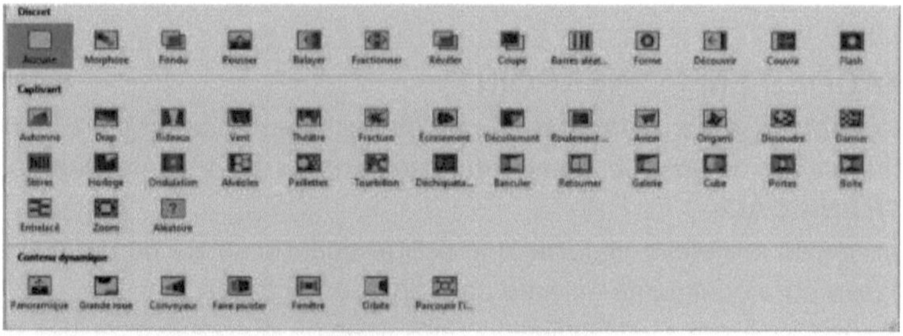

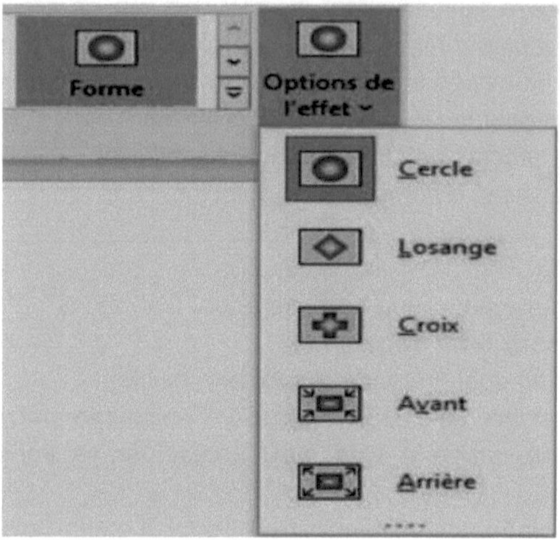

Algumas transições têm variantes; estas diferem consoante a transição escolhida. Para escolher entre as variantes disponíveis, clique em Opções de efeito para descobrir as diferentes opções.

CRIAÇÃO DE UMA TRANSIÇÃO

NB Pode testar a transição em qualquer altura, clicando em Aperpu.

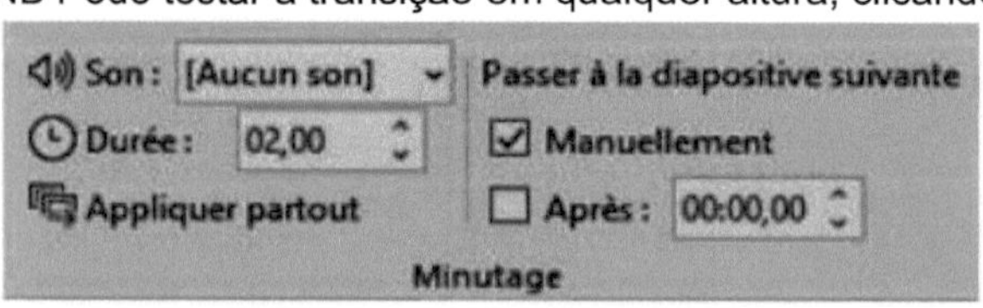

Podem ser aplicados vários parâmetros a uma transição para a personalizar.

- **Som**: esta opção permite-lhe escolher um som para acompanhar a transição; tenha cuidado, se tiver escolhido um clip de áudio para acompanhar este diapositivo, acabará por ter uma sobreposição de sons.
- **Duração:** cada transição tem uma duração inicial por defeito; esta pode ser modificada. Utilize as setas para a aumentar ou diminuir.
- **Passar para o diapositivo seguinte**: para uma apresentação de diapositivos, selecione "Após:" e especifique uma duração em segundos.

Neste caso, a apresentação será executada sem a intervenção do utilizador, mas após o tempo predefinido.

- **Aplicar em todo o lado**: As definições que escolher serão aplicadas a todos os diapositivos.

NB: clicar em "Aplicar em todo o lado" deve ser feito depois das outras definições, se quiser que as definições que fez sejam aplicadas a todos os diapositivos.

VII.2.EFEITOS DE ANIMAÇÃO

Nas aplicações de ambiente de trabalho do PowerPoint, é possível aplicar vários efeitos de animação a uma única cadeia de texto ou objeto, uma imagem, forma ou ficheiro gráfico SmartArt.

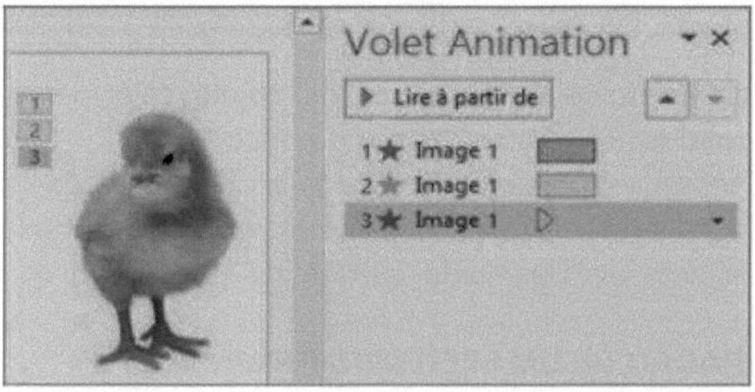

Sugestão: Quando trabalhar com vários de animação, pode trabalhar no **painel Animação**, onde pode ver uma lista de todos os efeitos de animação no diapositivo ativo.

Abrir o painel Animação

1. Selecione o objeto no diapositivo que pretende animar.
2. No separador **Animações**, clique no **painel Animação**.

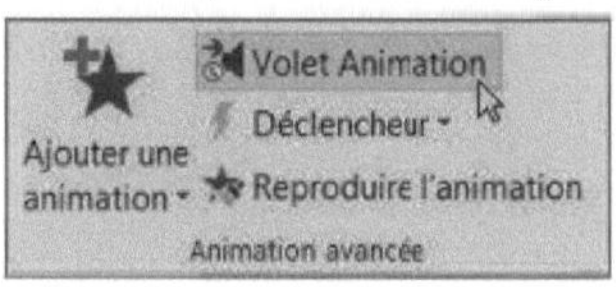

3. Clique em **Adicionar uma animação** e, em seguida, selecione um efeito de animação.

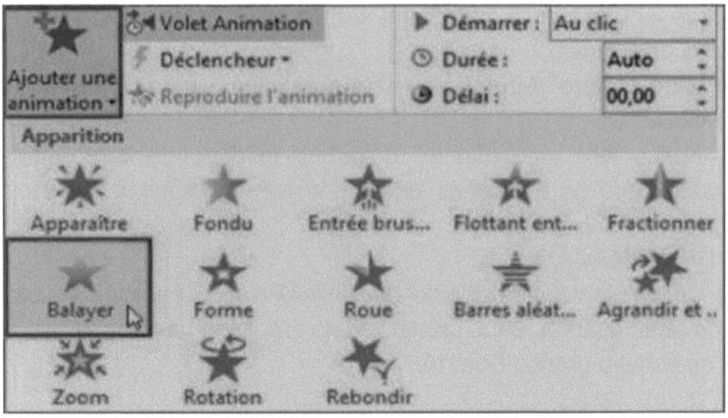

4. Para aplicar efeitos de animação adicionais ao mesmo objeto, selecione-o, clique em **Adicionar animação** e, em seguida, selecione outro.

Importante: Depois de ter aplicado o primeiro efeito de animação, não poderá adicionar *mais efeitos* sem utilizar a opção **Adicionar animação**. Caso contrário, o efeito existente será simplesmente substituído pelo efeito que pretende adicionar.

DEFINIR O INÍCIO E A DURAÇÃO DE UM EFEITO DE ANIMAÇÃO

Se quiser controlar o tempo dos efeitos de animação, proceda da seguinte forma para cada efeito:

1. No **painel Animação**, clique na seta para baixo junto à animação e, em seguida, clique em **Temporização**.

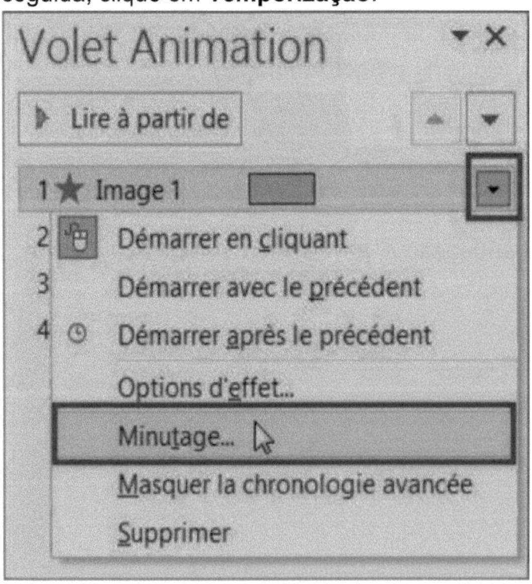

2. No separador **Temporização**, clique na seta para baixo **Iniciar** e escolha uma das seguintes opções:
3. Para iniciar a animação clicando com o rato, selecione **Ao clicar**.
4. Para executar a animação *ao mesmo tempo que* a anterior, selecionar **Com anterior**.
5. Para iniciar a animação após a anterior, selecione **Após a anterior**.

Sugestão: O efeito de animação **anterior** é o que está listado na ordem de reprodução do **painel Animação** (e está normalmente localizado imediatamente acima da animação cujo tempo está a ajustar).

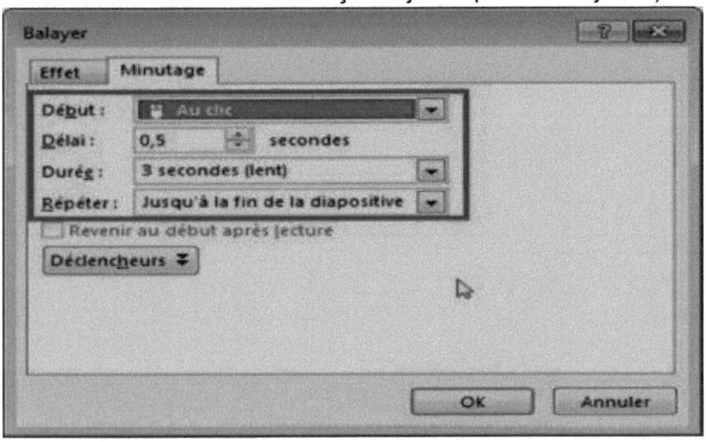

1. Para atrasar o início do efeito de animação, clique em **Atraso** e, em seguida, selecione o número de segundos pretendido.
2. Para alterar a velocidade efeitos de animação, defina a **duração** para o valor pretendido.
3. Para uma pré-visualização efeitos de animação, clique em **Aperqu** no separador **Animações**.

REPRODUZIR VÁRIOS EFEITOS DE ANIMAÇÃO AO MESMO TEMPO

É possível fazer com que dois ou mais de animação ocorram ao mesmo tempo para um objeto. Por exemplo, uma imagem pode desvanecer-se e flutuar. Para conseguir esta sobreposição de dois (ou mais) efeitos em simultâneo, proceda da seguinte forma

1. Utilize **Adicionar animação** para adicionar o segundo efeito.

2. Para sincronizar o segundo efeito, defina **Iniciar** como **Com precedente**.

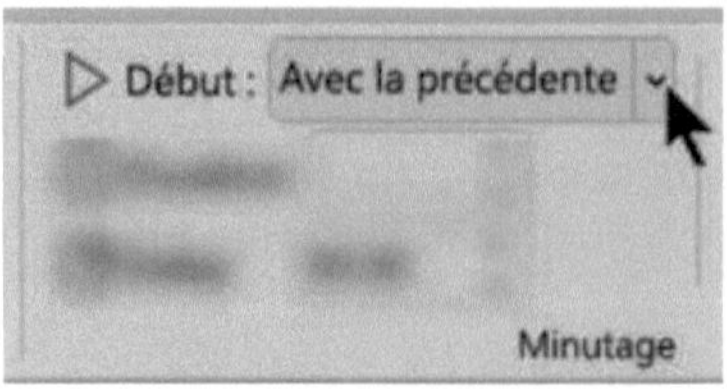

DICA PARA UTILIZAR VÁRIOS EFEITOS DE ANIMAÇÃO

Quando se trabalha com vários objectos num diapositivo, pode ser difícil distinguir entre os objectos e os efeitos de animação que lhes são aplicados. Na ilustração abaixo, os nomes dos objectos predefinidos não são muito explícitos. Por conseguinte, é difícil saber que animação está a ser aplicada a que objeto.

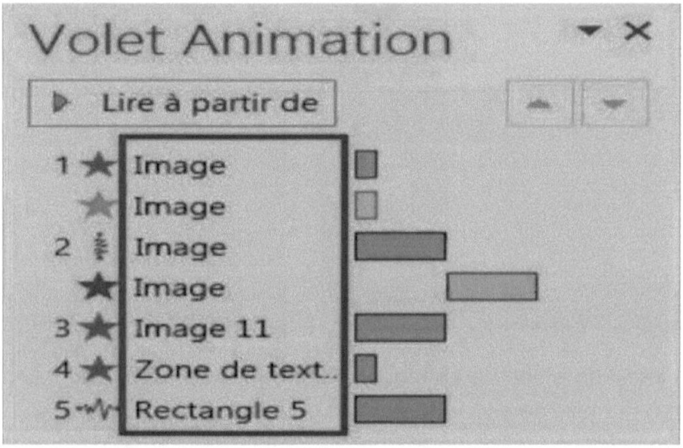

No **painel Seleção**, pode atribuir a cada objeto um nome distinto para facilitar a sua utilização quando lhe aplica animações. Veja abaixo:

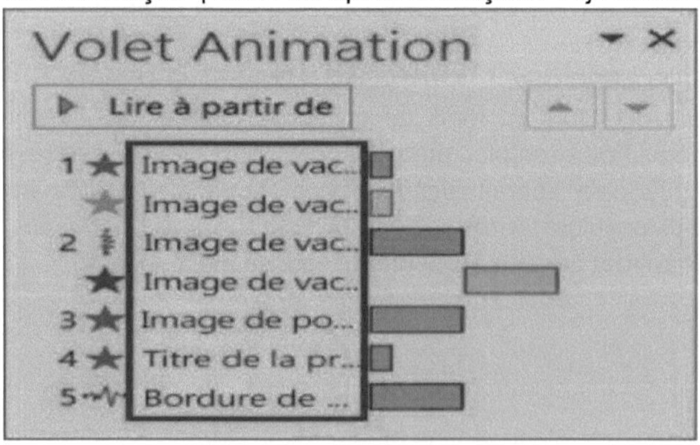

1. Para alterar os nomes predefinidos dos objectos, no separador **Página inicial**, clique em **Selecionar** e, em seguida, em **Painel de seleção**.

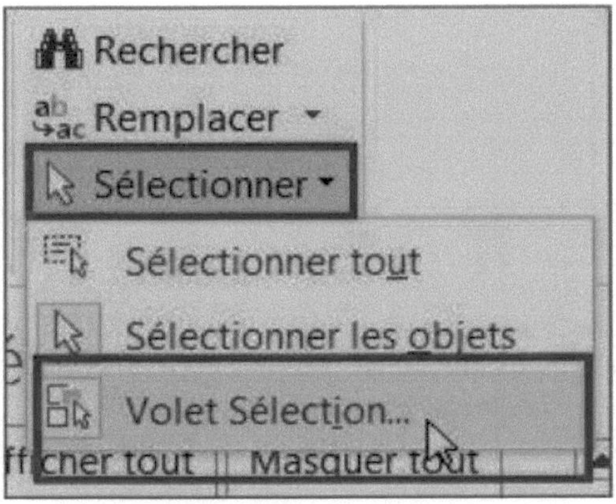

2. No **painel Seleção**, clique duas vezes no nome padrão do objeto para abrir a zona e, em seguida, renomeie-o.

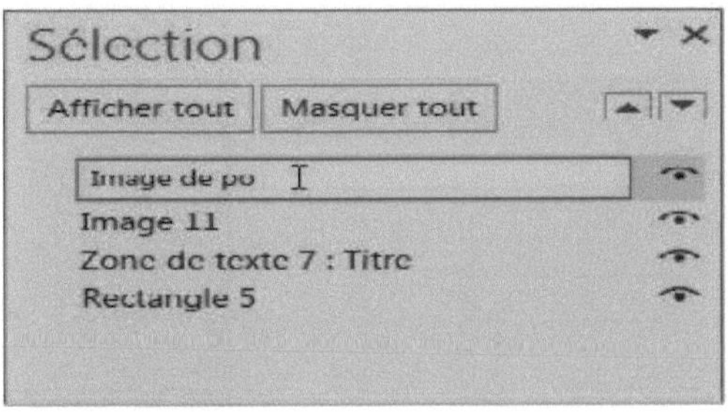

VII.3.EVENTOS

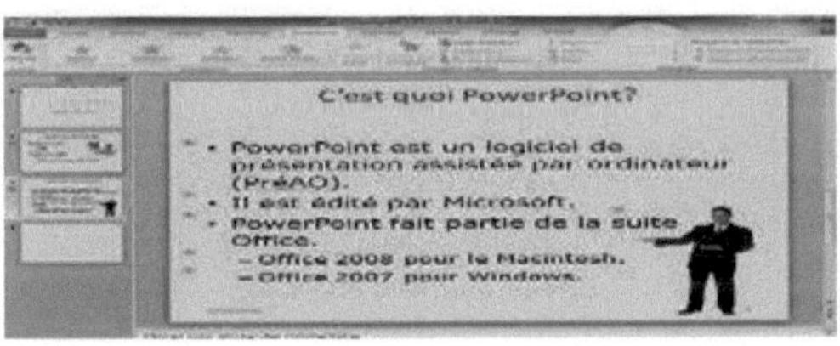

O painel de animações, que pode ser utilizado para animações de texto e de imagens, controlar as animações, adicionando efeitos de início e fim e organizando a ordem pela qual o texto ou as imagens animadas aparecem.

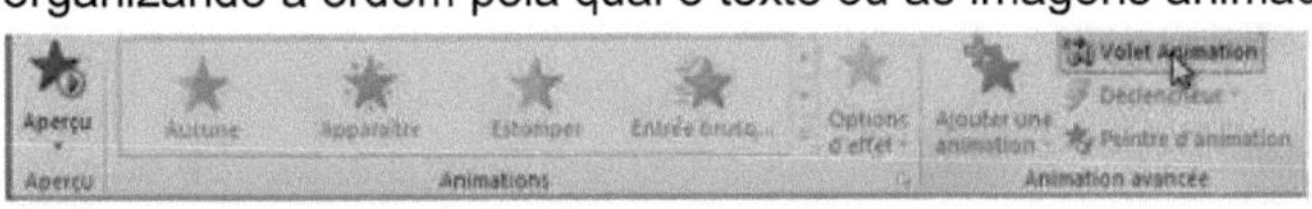

O painel de animações é apresentado clicando no botão do painel de animações no grupo de animações avançadas do separador de animações.

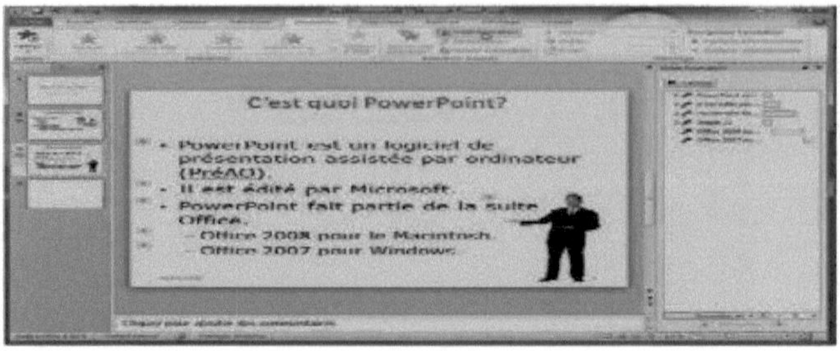

O painel de animações é apresentado à direita do diapositivo ativo; para o fazer desaparecer, clique na cruz no canto superior direito do painel de animações.

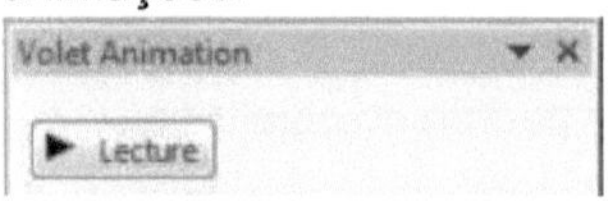

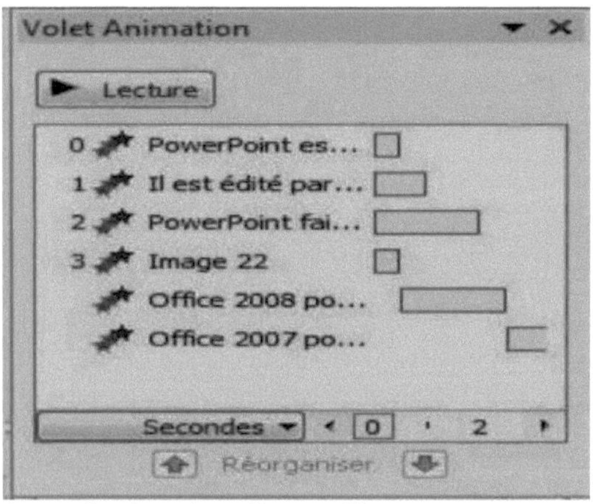

A secção de animações contém:

- Um botão de reprodução para controlo visual das diferentes animações.
- As diferentes animações de texto e imagem ;
- Cada animação tem um número que indica a ordem pela qual as animações aparecem.
- O número 0 significa que texto ou a imagem será visível quando o diapositivo for apresentado;
- Os números 1 a n indicam que a animação será controlada por uma ação (normalmente um clique) ou será automática (após a animação anterior ou ao mesmo tempo);
- Na parte inferior está o tempo em segundos em que o texto ou a imagem aparece;
- As setas reorganizadas podem ser utilizadas para alterar a ordem das

animações.

0 - O PowerPoint é um software de apresentação assistida por computador (PreAO).

- É ëditë pela Microsoft.
- O PowerPoint faz parte do

Aqui o texto do PowerPoint é... tem nível zero e será apresentado quando o diapositivo for apresentado (começar com o anterior).

Para saber mais sobre uma animação.

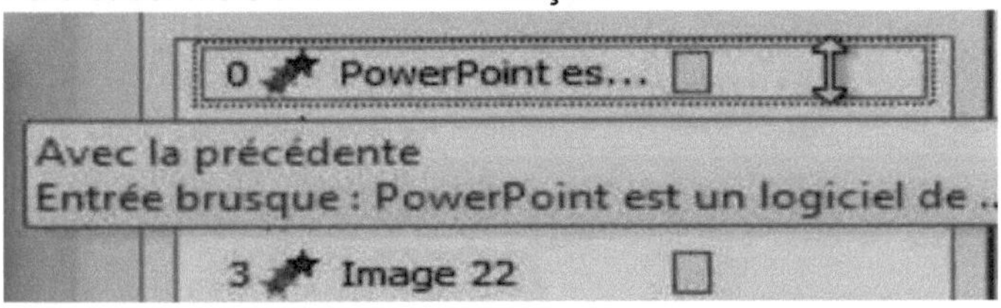

Para saber mais sobre uma animação, clique sobre ela no painel de animações. Aparece uma seta dupla que lhe permite alterar a ordem as animações aparecem (como veremos mais adiante).

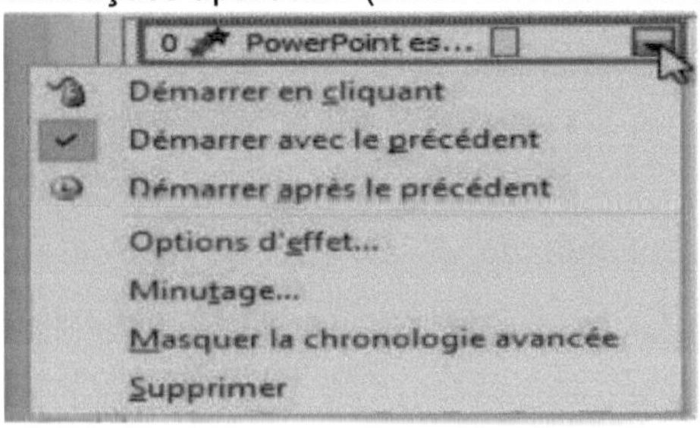

Clique no retângulo para revelar um pequeno triângulo e, em seguida, um menu pendente que dá acesso a informações e funções adicionais.

MODIFICAR AS ANIMAÇÕES.

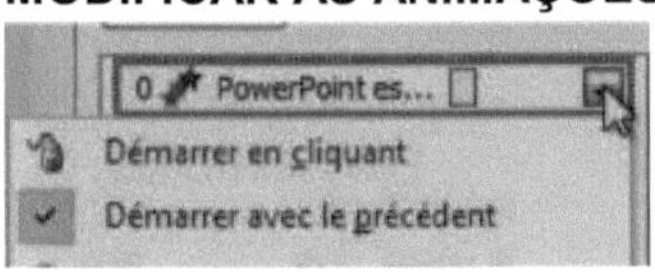

O texto é editado... tem o nível 1 e o aspeto do texto será controlado (com um clique).

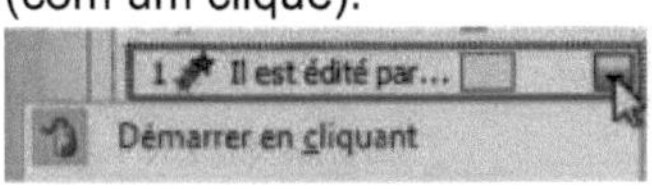

O texto do PowerPoint faz... tem nível 2 e o texto aparecerá controlada (por um clique).

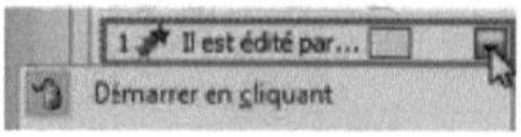

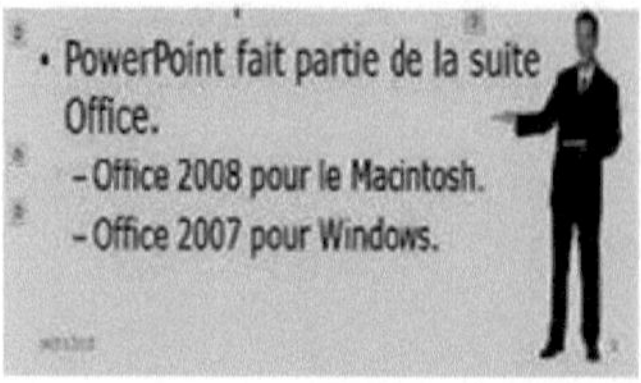

A imagem à direita (o apresentador sorridente, imagem 22) e os textos Office 2008... e Office 2007... Têm o nível 3 e o aspeto da imagem e do texto será controlado.

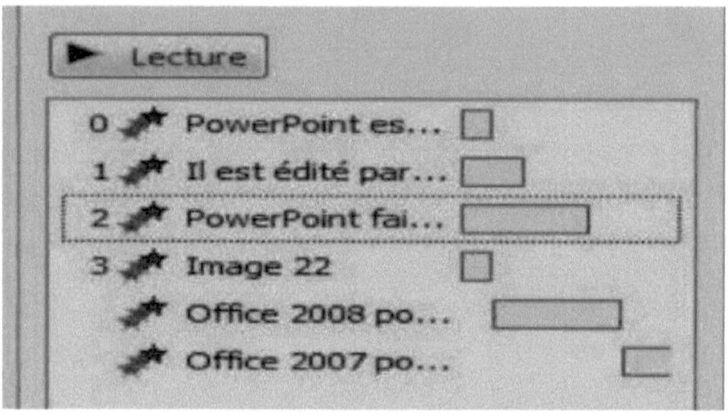

O pequeno retângulo laranja indica o tempo de visualização do texto ou da imagem.

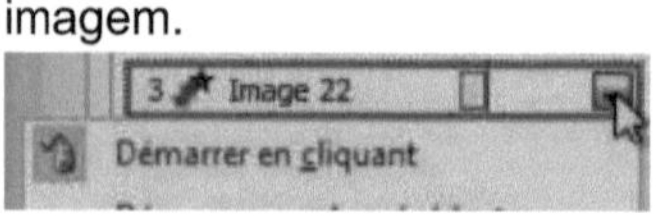

A imagem aparece com um clique.

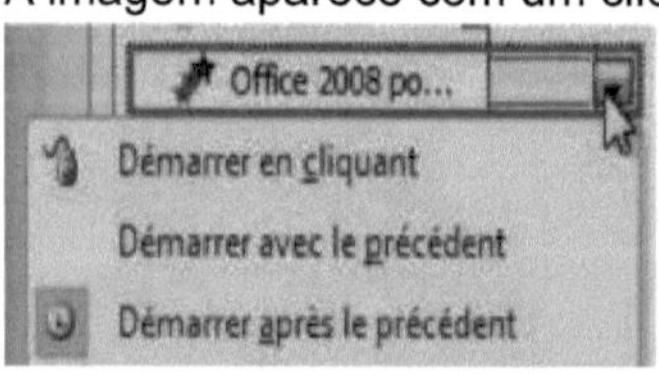

Aparência do texto do Office 2008... após o anterior.

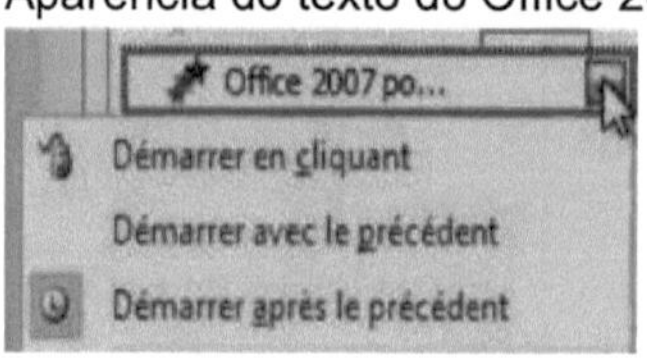

Aparência do texto do Office 2007... após o anterior.

ALTERAR A ORDEM DAS ANIMAÇÕES

Existem 2 formas de alterar a ordem das animações:

3. animação deslizante.

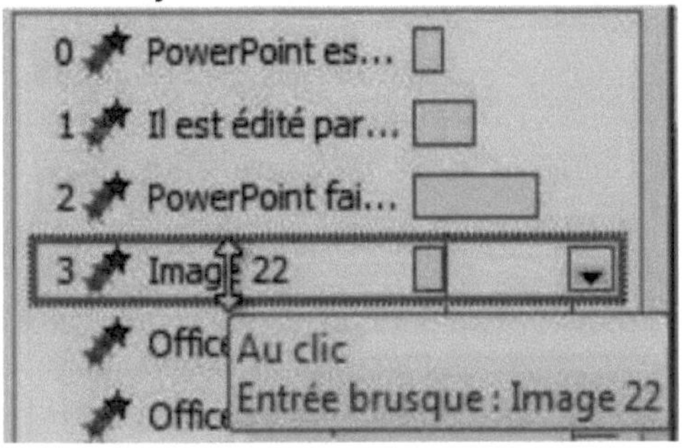

4. Selecione a animação pretendida (aqui 3, imagem 22) e aparecerá uma seta dupla.

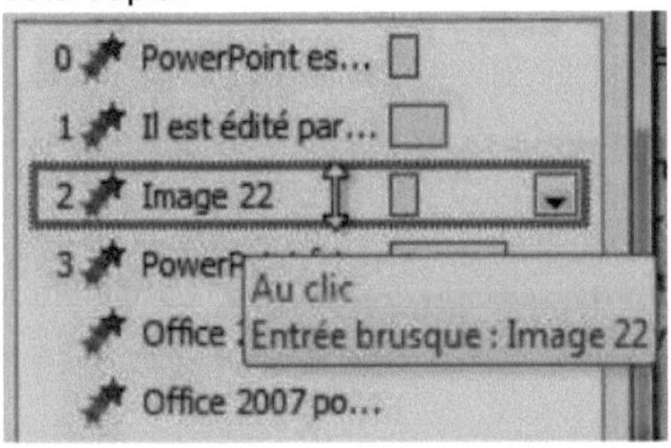

5. Mover a animação selecionada para o local pretendido (aqui atrás animação 1).

As animações são renumeradas.

REORGANIZAÇÃO DAS ACTIVIDADES

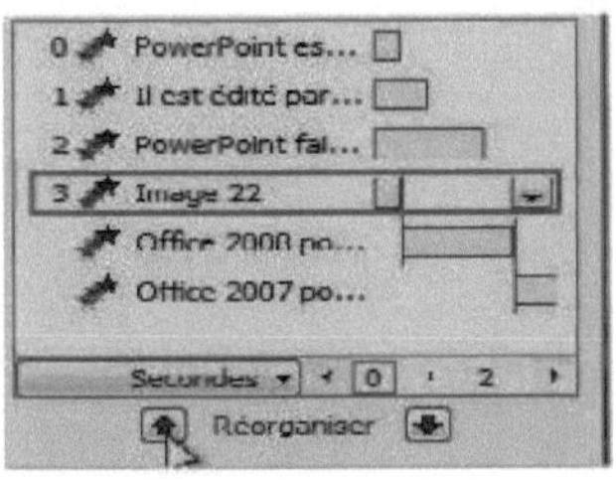

Selecione a animação pretendida (aqui 3, imagem 22) e clique na seta para cima ou para baixo na parte inferior do painel de animações (Reorganizar).

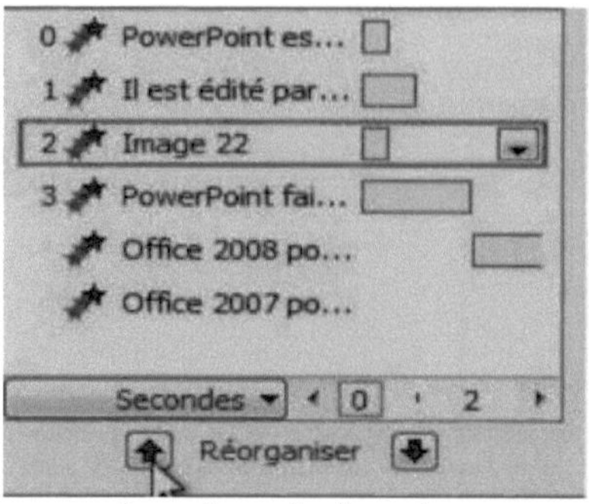

Deslocar a animação selecionada para a posição pretendida (aqui, atrás da animação 1).

As animações são renumeradas.

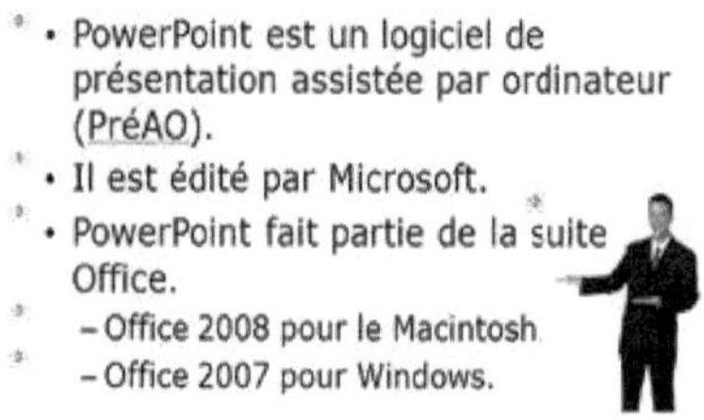

- O PowerPoint é um software de apresentação assistida por computador (PreAO).
- É publicado pela Microsoft.
- O PowerPoint faz parte do pacote Office.

-Office 2008 para Macintosh.

-Office 2007 para Windows.

O nosso apresentador é agora o número 2.

Alterações às opções de efeitos.

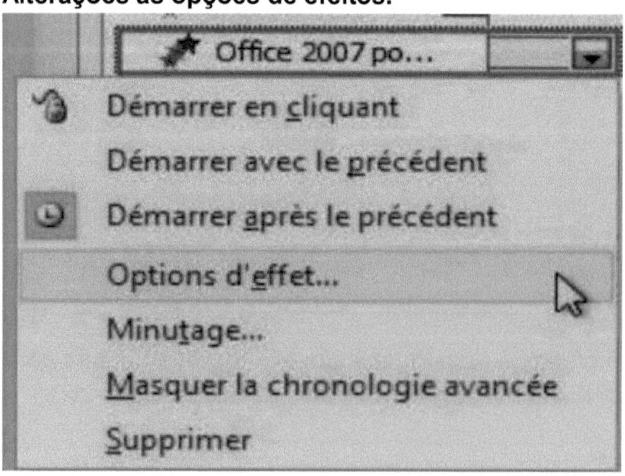

A partir das opções de efeitos no painel de animações, pode modificar série de definições de efeitos.

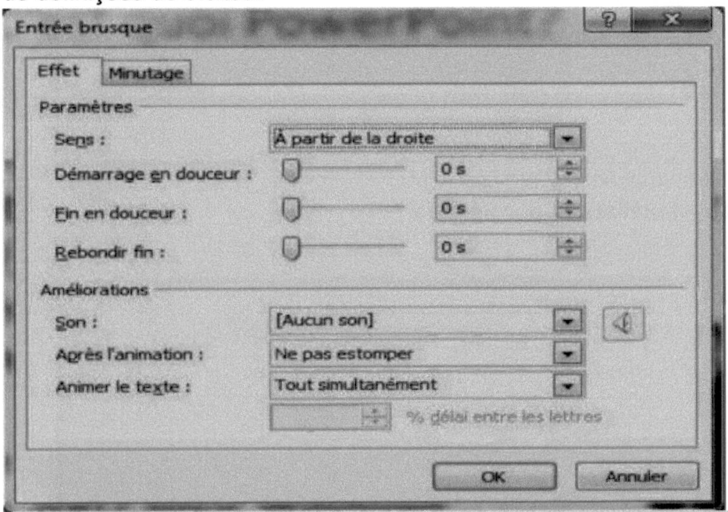

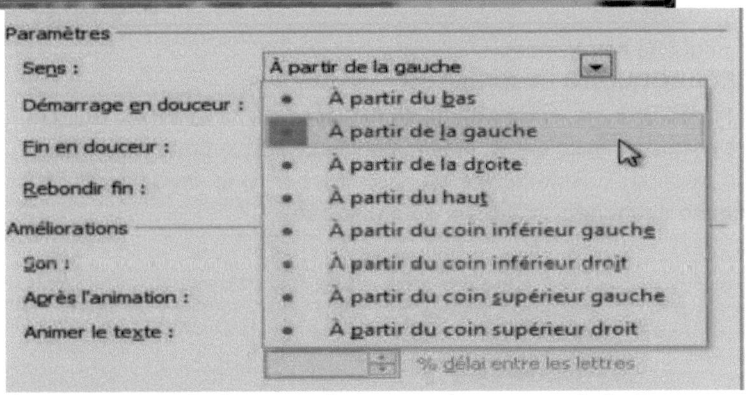

O texto aparece a partir da esquerda em vez de aparecer à direita.

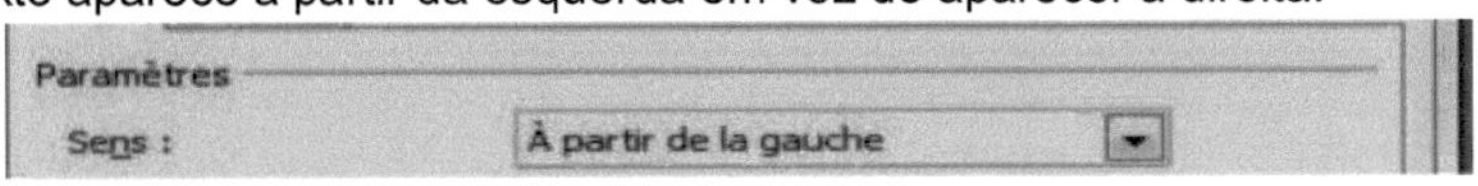

Efeito após a animação: o texto fica azul

Outro efeito: visualização por palavra

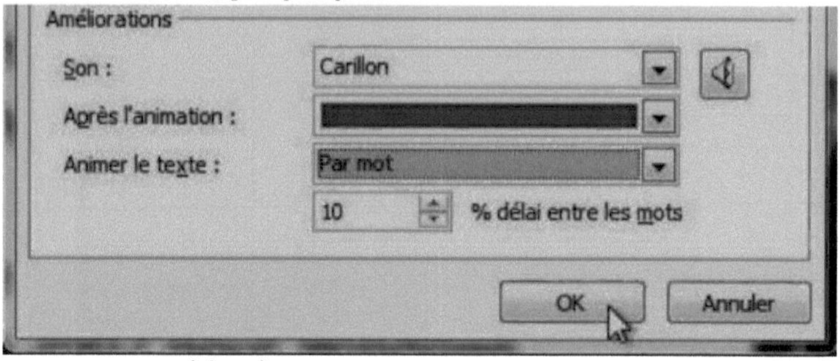

E um pequeno som (sinos).

VII.4.REPRODUÇÃO DE EVENTOS

Para reproduzir uma animação, basta seguir os passos abaixo:

7. Selecione o objeto que contém as animações que pretende copiar.
8. No separador **Animações** do friso da barra de ferramentas, no grupo **Animação avançada**, clique em **de animação.**

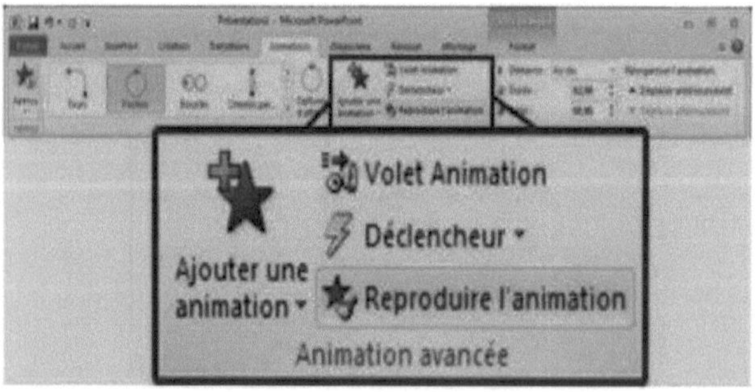

O cursor passa a ter a seguinte aparência:

9. No diapositivo, clique no objeto para o qual pretende copiar as animações.

VII.5.TEMPO

A utilização da funcionalidade de temporização do PowerPoint permite-lhe reproduzir a sua apresentação automaticamente, gerindo o tempo de apresentação dos diapositivos. Esta funcionalidade é essencial para criar uma apresentação que tenha de ser executada em ciclo num terminal tátil, por exemplo.

CRONOMETRAR OS SEUS DIAPOSITIVOS

1. Selecione um diapositivo da sua apresentação.

2. Aceda à Faixa de Opções, separador Transições, grupo Temporização. Ajuste as definições para iniciar o diapositivo seguinte após um tempo definido em segundos e clique em Aplicar em todo o lado se pretender afetar todos os diapositivos da sua apresentação.

A temporização das transições é particularmente útil para apresentações automatizadas e também pode utilizar a temporização para as suas animações - funciona de forma muito semelhante. Desta forma, a sua apresentação de diapositivos pode ser cronometrada com precisão para satisfazer as suas especificações.

VII.6.CONTROLO DA CALENDARIZAÇÃO

No separador Apresentação de diapositivos, no grupo de configuração, clique em verificar tempo. A barra de ferramentas de repetição é apresentada e o tempo da apresentação começa na área de duração do diapositivo.

Ou ;

Para os tipos de apresentação de diapositivos **Apresentado por um apresentador (ecrã inteiro)** e **Visualizado num terminal (ecrã inteiro)**, pode ser útil verificar e registar o tempo dos efeitos e dos diapositivos.

1. No separador **Apresentação de diapositivos**, clique em **Verificar tempo**.

Nota: O temporizador da apresentação começa assim que clicar em **Verificar temporização**.

A barra de ferramentas **Repetir** é apresentada e o tempo da apresentação começa na área **Duração do diapositivo**.

2. Figura acima: Barra de ferramentas de repetição

o Seguinte (avançar para o diapositivo seguinte)

P Pausa

и Comprimento do cursor

para Repetir

и Duração total da apresentação de diapositivos

3. Enquanto a apresentação está a ser cronometrada, pode efetuar uma ou mais das seguintes operações utilizando a barra de ferramentas **Repetir**:

- Para avançar para o diapositivo seguinte, clique em **Seguinte.**
- Para parar temporariamente a gravação, clique em **Suspender**.
- retomar a gravação durante o período de pausa, clique em **Pausa**.
- Para definir o tempo exato de apresentação de um diapositivo, introduza o valor correspondente no campo **Tempo do diapositivo**.
- retomar a gravação durante a duração do diapositivo ativo, clique em **Repetir**.

4. Quando a duração do último diapositivo tiver sido definida, uma mensagem apresenta a duração total da apresentação e pede-lhe que efectue uma das seguintes operações:

- Para manter os tempos dos diapositivos gravados, clique em **Sim.**
- Para remover os tempos dos diapositivos guardados, clique em **Não.** O modo de classificação de diapositivos é ativado e apresenta a duração de cada diapositivo da sua apresentação.

CAPÍTULO VIII

IMAGENS COM O POWERPOINT

O imaginário é também simplesmente definido como um conjunto de imagens com a mesma origem e um estilo definido (por exemplo, o imaginário epinal), ou o mesmo estilo e género (por exemplo, o imaginário popular). O imaginário escolar, que se limita ao ambiente escolar, é outro exemplo.[6]

VIII.1.INSERIR UMA IMAGEM

Dependendo da versão do PowerPoint que estiver a utilizar, pode inserir imagens, fotografias ou clipart no seu diaporama a partir do seu computador ou da Internet.

1. Clique no local onde pretende inserir a imagem no diapositivo.
2. No separador **Inserir**, vá para o grupo **Imagens**, clique em **Imagens e**, em seguida, em **Este dispositivo**.

3. Na caixa de diálogo que se abre, localize a imagem que pretende inserir, selecione-a e clique em **Inserir**.

Sugestão: Para inserir várias imagens em simultâneo, selecione-as mantendo premida a tecla Ctrl.

INSERIR IMAGENS ARMAZENADAS NUM DIAPOSITIVO

1. Clique no local onde pretende inserir a imagem no diapositivo.
2. No separador **Inserir**, vá para o grupo **Imagens**, clique em **Imagens** e, em seguida, em **Imagens armazenadas**.

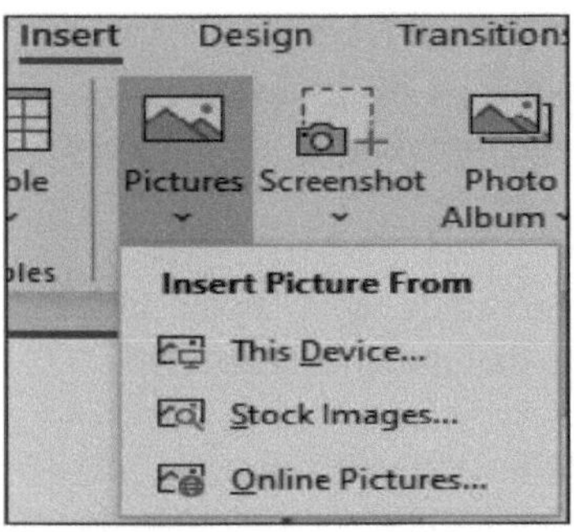

3. Escreva uma descrição da imagem que procura, clique nas imagens que pretende e, em seguida, clique em **Inserir**.

[6] https://www.techno-science.net, consultado em 19/10/2023 às 14h18

INSERIR UMA IMAGEM DA WEB NO SEU DIAPOSITIVO

1. Clique no local onde pretende inserir a imagem no diapositivo.
2. No separador **Inserir**, vá para o grupo **Imagens**, clique em **Imagens** e, em seguida, em **Imagens online**.

NB:

- Se for apresentada a mensagem "o serviço necessário para utilizar esta funcionalidade está desativado", é necessário verificar as definições de confidencialidade. >>Para tal, aceda **a Ficheiro Conta Confidencialidade da conta** e clique em **Gerir definições**. Assinale a caixa **Ativar experiências ligadas opcionais**, clique em OK e, em seguida, reinicie o PowerPoint.
- Contacte o seu administrador se não tiver acesso às definições de confidencialidade.

3. Na caixa de pesquisa, escreva uma descrição da imagem que procura e, em seguida, prima enter.
4. Selecione as imagens pretendidas e clique em **Inserir**.

Sugestão: Depois de inserir uma imagem, pode alterar o seu tamanho e posição. Para fazer isso, clique com o botão direito do mouse na imagem e clique em **Modelagem de imagem**. Em seguida, é possível usar **as** ferramentas de **modelagem de imagem** à direita do slide.

INSERIR UMA IMAGEM NA MÁSCARA DO DIAPOSITIVO

Se quiser que uma imagem apareça em todos os diapositivos de um tipo específico no seu modelo do PowerPoint, adicione-a à máscara de diapositivo.

INSERIR UMA IMAGEM NO FUNDO

Se pretender que uma imagem apareça no fundo sem afetar todos os diapositivos de uma máscara, altere definições de fundo no diapositivo.

VIII.2.REDIMENSIONAR UMA IMAGEM

RECORTAR UMA IMAGEM NO POWERPOINT

Uma vez validado o primeiro ponto, pode então adaptar os contornos de uma imagem cortando-a à forma escolhida. A imagem será então cortada automaticamente para preencher a geometria da forma selecionada, mantendo as suas proporções originais.

Para o fazer, **siga estes passos simples**:

1. Inserir a imagem num diapositivo da sua apresentação PowerPoint
2. Clique na imagem para abrir o menu de mentiras na barra superior
3. Selecione o separador "Cortar" e, em seguida, "Cortar para a forma".
4. Escolha a forma que pretende cortar

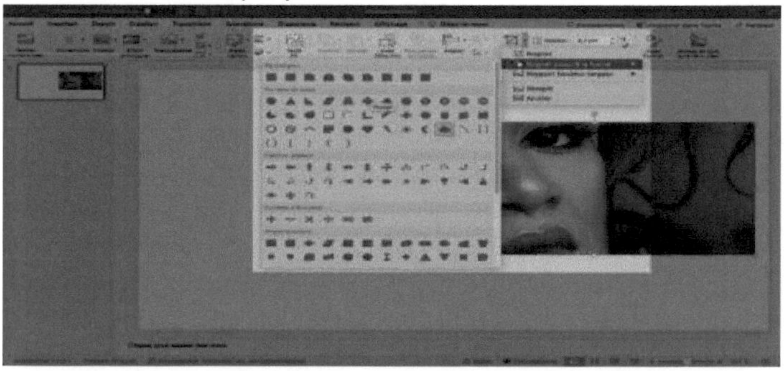

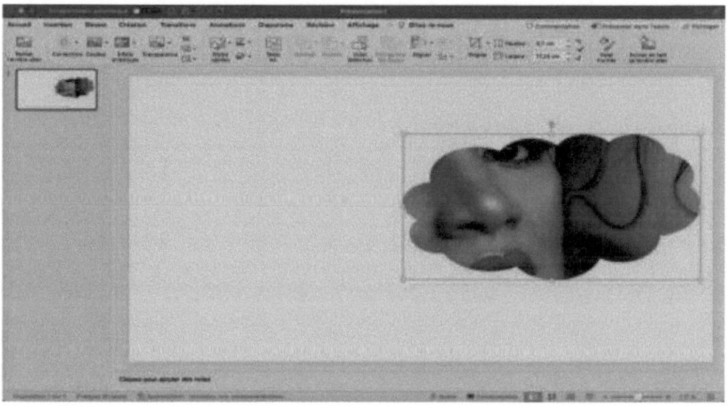

A forma é então aplicada automaticamente à imagem. Também pode **ajustar a posição da forma dentro da moldura**, arrastando-a para dentro da moldura, por exemplo, para centrar a parte mais importante da imagem. Por fim, não se esqueça de legendar a imagem ou, pelo menos, adicionar um comentário, para lhe dar um contexto para a sua futura apresentação.

É bom saber

Se pretender cortar a mesma imagem em várias formas, faça o máximo de cópias da imagem e corte cada uma delas individualmente.

REDIMENSIONAR A IMAGEM NO FORMULÁRIO

Finalmente, pode ajustar a imagem se esta estiver inclinada, truncada ou não preencher a forma como pretende. Para o fazer, volte ao menu 'Formatar imagem' e depois ao separador 'Cortar'. Se clicar na seta por baixo do separador 'Cortar', aparece um menu que apresenta as várias opções de corte.

Tem duas opções:

- **Preenchimento**: a forma é inserida dentro dos limites da imagem e as partes exteriores são removidas
- **Ajustar**: a maior parte possível da imagem é adaptada à forma. As proporções originais da imagem são mantidas, o que pode resultar num espaço vazio no interior da forma.

Também pode ajustar o tamanho da forma sólida utilizando as **pegas de redimensionamento**: posicione o ponteiro sobre um dos pontos e, em seguida, clique e arraste conforme necessário.

Quando tiver terminado, premir a tecla Esc ou clicar em qualquer parte do documento e, em seguida, guardar as alterações, se estiver satisfeito com elas.

CAPÍTULO IX

FLUXOGRAMAS COM POWERPOINT

Um organigrama apresenta de forma esquemática as ligações hierárquicas, organizacionais ou funcionais da sua estrutura.

1. [7]Gráfico da estrutura de uma organização complexa (empresa, grupo, etc.), representando os vários elementos do grupo e as suas respectivas relações.
2. [8]Em informática, representação gráfica de um problema, sua análise e resolução, utilizando símbolos para exprimir operações, dados, ligações ou dispositivos.

IX.1.INSERÇÃO DE UM ORGANIGRAMA

Embora o PowerPoint seja uma ferramenta incomparável para criar apresentações, a sua funcionalidade de criação de diagramas é extremamente limitada. Pode ver isso por si próprio nas secções seguintes. Siga as instruções abaixo para criar o seu fluxograma no PowerPoint.

1. INSERÇÃO DE UM ELEMENTO SMARTART

No seu documento do PowerPoint, aceda ao separador Inserir e clique em SmartArt. Depois de ter clicado no botão SmartArt, vá para o grupo Hierarquia na coluna da esquerda e selecione o modelo de fluxograma que se adequa às suas necessidades.

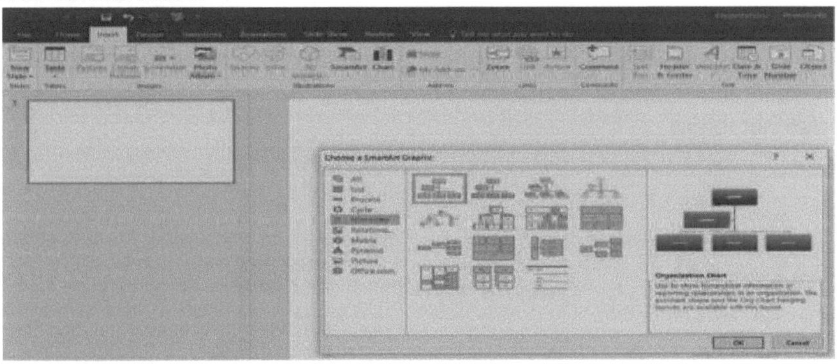

2. INTRODUZA O SEU TEXTO

Agora, clique numa das formas para adicionar o seu texto. Como cada forma representa uma pessoa na empresa, é necessário verificar se todos estão incluídos no diagrama.

[7] https://www.larousse.fr, consultado em 19/10/2023 às 15:09".
[8] Idem

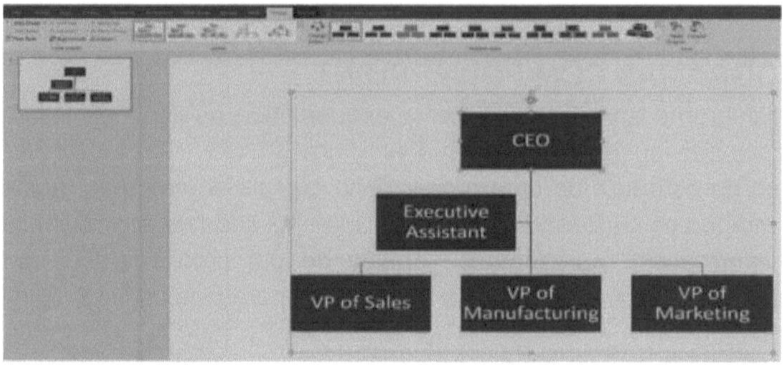

3. ADICIONAR FORMAS.

É provável que não encontre a forma exacta de que necessita para representar a sua empresa nos modelos propostos pelo SmartArt. Neste caso, terá de adicionar formas adicionais. Para o fazer, clique no separador Criação na secção Ferramentas SmartArt e, em seguida, clique no botão Adicionar uma forma. No menu que aparece, pode escolher onde a pessoa deve ser colocada no organigrama, quem é o seu superior hierárquico e quem são os seus subordinados.

Imaginemos que a sua empresa recrutou um vice-presidente de recursos humanos que reporta ao diretor executivo um representante de vendas que reporta ao vice-presidente de vendas. Estas relações podem ser modeladas no separador Criação da secção Ferramentas SmartArt utilizando o botão Adicionar forma.

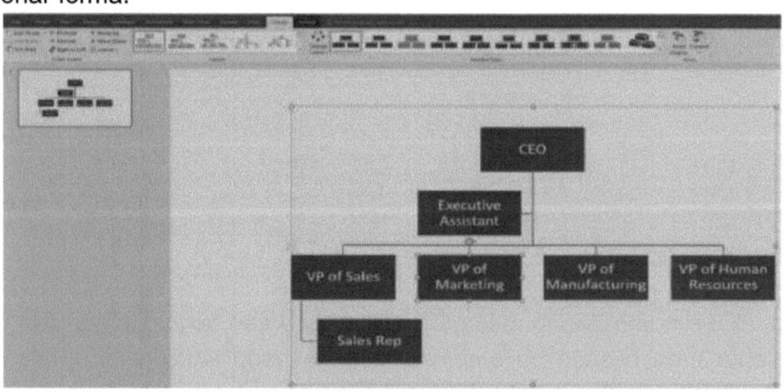

4. PERSONALIZAÇÃO DA HIERARQUIA

Para reorganizar o layout do seu fluxograma no PowerPoint, primeiro clique na forma que deseja mover. Em seguida, no separador Criação da secção Ferramentas de SmartArt, pode mover esta forma verticalmente utilizando os botões Mover para cima ou Mover para baixo, ou horizontalmente utilizando os botões Mover para cima ou Mover para baixo.

Imaginemos que enquanto está a criar o seu organigrama no PowerPoint, a estrutura da sua empresa muda e o Vice-Presidente de Marketing passa a reportar ao Vice-Presidente de Vendas. Para refletir esta alteração, clique no de Marketing e, em seguida, no botão Recolher no separador Criação.

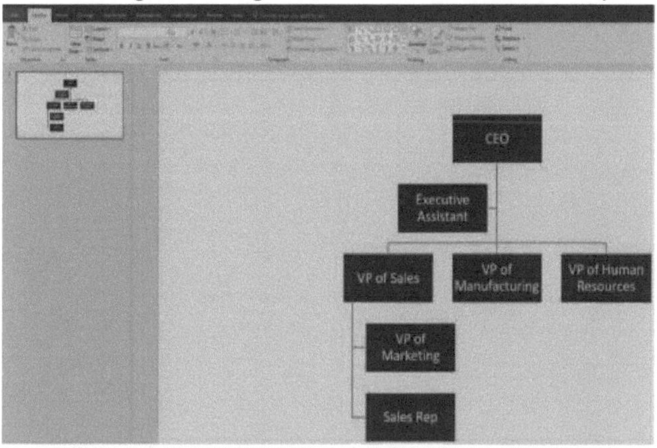

5. MODELAR O DESENHO DO SEU ORGANIGRAMA

Depois de ter optimizado o esquema do seu fluxograma no PowerPoint, pode passar a melhorar o seu aspeto. Utilizando os tipos de letra, cores e estilos de apresentação que encontrará na parte superior do ecrã, melhore o seu fluxograma para o tornar intuitivo e informativo.

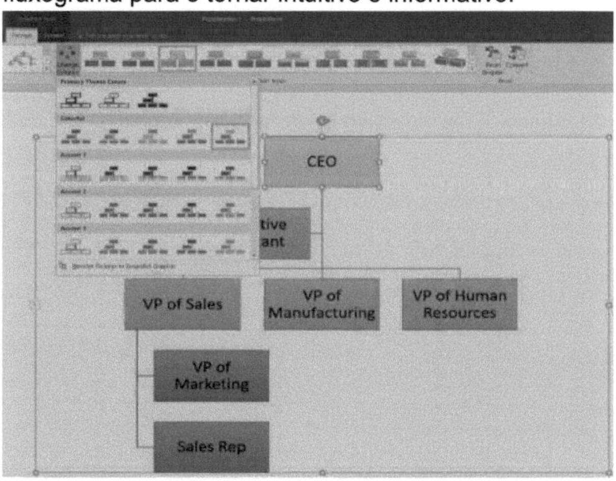

IX.2.INSERIR UMA IMAGEM NUMA MOLDURA

1. Clique na forma à qual pretende adicionar uma imagem.
2. No separador **Formatar**, no grupo **Estilos de forma**, clique na seta junto a **Preenchimento de forma**.

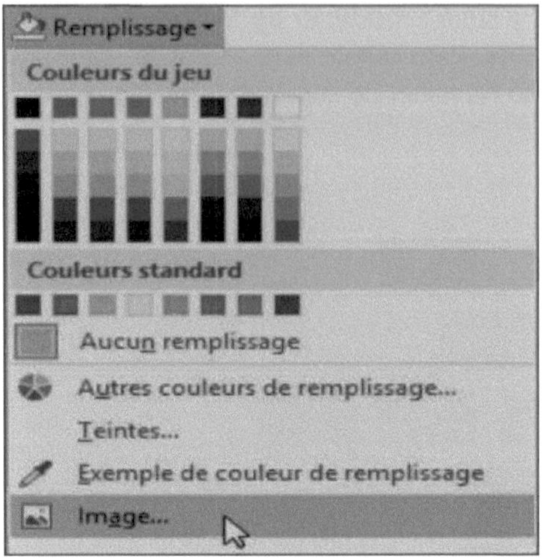

3. Na ou localização que contém a imagem que pretende utilizar, clique no ficheiro de imagem e, em seguida, em **Inserir**.

Nota: Não é possível alterar a posição da imagem dentro da forma.

CAPÍTULO X

DESENHOS DE OBJECTOS POWERPOINT

Como em todos os programas do Microsoft Office, um objeto é qualquer coisa que o programa possa manipular (mover, apresentar, etc.) mas não modificar. Por exemplo, uma fotografia é vista como um objeto no Word e no Excel: estes dois programas podem mostrá-la, dimensioná-la, imprimi-la, etc., mas não modificar o seu conteúdo. Os objectos no Powerpoint incluem imagens, clipart, tabelas, etc. Cada objeto será visto em pormenor numa página futura.

X.1.INSERIR UM RECTÂNGULO

Pode adicionar formas, como quadrados, rectângulos, círculos e setas, aos seus documentos, e-mails, apresentações de diapositivos e folhas de cálculo. Para adicionar uma forma, clique em **Inserir**, clique em **Formas**, selecione uma forma e, em seguida, clique e arraste para a desenhar.

Depois de adicionar uma ou mais formas, pode adicionar-lhes texto, marcadores e números. Também pode alterar o preenchimento, o contorno e outros efeitos no separador **Formatar**.

NB: Pode adicionar formas individuais a um gráfico ou adicionar formas acima de um gráfico SmartArt para personalizar o gráfico ou a tabela.

Adicionar um formulário no Excel, Outlook, Word ou PowerPoint

1. No separador **Inserir**, clique em **Formas**.

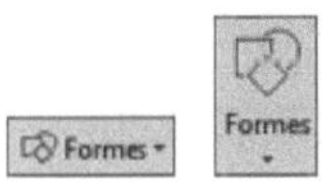

2. Clique na forma pretendida, depois em qualquer parte do espaço de trabalho, e arraste o rato para delimitar a forma.

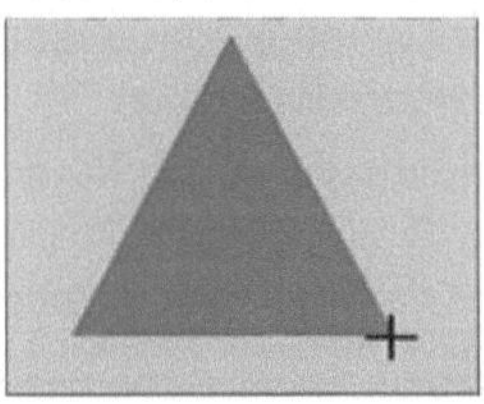

Para criar um quadrado ou círculo perfeito (ou restringir as dimensões de outras formas), mantenha premida a tecla Shift enquanto arrasta o rato.

X.2.REDIMENSIONAR FORMAS

Para alterar as dimensões de uma forma, basta arrastar ;

1. Selecione a forma que pretende redimensionar.
2. Clique e arraste uma das pegas de seleção que aparecem nas dimensões ou nos cantos.

Para manter as proporções da forma, arraste uma alça de canto, ou mantenha premida a tecla Shift e arraste a alça. Visio A largura e a altura da forma selecionada aparecem na barra de estado na parte inferior da janela.

Para alterar as dimensões de uma forma introduzindo medidas

1. No separador **Ver**, no grupo **Ver**, clique em **Painéis de bolhas** e, em seguida, em **Tamanho e posição**.
2. Selecione a forma que pretende redimensionar.
3. Introduza a largura e a altura da forma.

Prima Enter ou clique noutro valor para validar o novo valor.

X.3.ALINHAR OBJECTOS DE DESENHO

As **formas automáticas, imagens, gráficos** e **blocos de texto** que adicionar podem ser alinhados, agrupados, ordenados e distribuídos horizontal e verticalmente num diapositivo no **editor de apresentações**. Para executar uma destas acções, selecione primeiro um ou mais objectos na área de trabalho. Para selecionar vários objectos, mantenha premida a tecla **Ctrl** e clique com o botão esquerdo do rato nos objectos pretendidos. Para selecionar um bloco de texto, clique na sua extremidade e não no texto que contém. Pode então utilizar os ícones da barra de ferramentas superior descritos abaixo ou opções semelhantes no menu de contexto.

ALINHAR OBJECTOS

Para **alinhar** *dois ou mais* objectos selecionados,

1. Clique no ícone **Alinhar uma forma** no separador **Página inicial** barra de ferramentas superior e selecione uma das opções disponíveis:

- **Alinhar com o diapositivo** para alinhar os objectos com as margens do diapositivo,
- **Alinhar objectos selecionados** (esta opção está selecionada por predefinição) para alinhar os objectos entre si,

2. Clique novamente no ícone **Alinhar forma** e selecione o tipo de alinhamento necessário na lista:

- **Alinhar à esquerda**: para alinhar os objectos horizontalmente com o lado esquerdo do objeto mais à esquerda/da margem esquerda do diapositivo,
- **Alinhar ao centro**: para alinhar os objectos horizontalmente ao centro do diapositivo,
- **Alinhar à direita**: para alinhar os objectos horizontalmente com o lado direito do objeto mais à direita/borda direita do diapositivo,
- **Alinhar com o topo**: para alinhar os objectos verticalmente com a margem superior do objeto mais alto/da margem superior do diapositivo,
- **Alinhar ao centro**: para alinhar os objectos verticalmente pelo seu centro/meio do diapositivo,
- **Alinhar na parte inferior**: para alinhar os objectos verticalmente pela margem inferior do objeto mais baixo/borda inferior do diapositivo.

Também pode clicar com o botão direito do rato nos objectos selecionados, escolher **Alinhar** no menu de contexto e utilizar uma das opções de alinhamento disponíveis.

Se pretender alinhar um único objeto, este pode ser alinhado relativamente às margens do diapositivo. A opção **Alinhar ao slide** é selecionada por defeito neste caso.

DISTRIBUIR OBJECTOS

Para **distribuir** *três ou mais objectos selecionados* horizontal ou verticalmente de modo a que apareça a mesma distância entre eles,

1. Clique no ícone **Alinhar** no separador **Página inicial** barra de ferramentas superior e selecione uma das opções disponíveis:

- **Alinhar no diapositivo** para distribuir os objectos entre os bordos do diapositivo,
- **Alinhar objectos selecionados** (esta opção está selecionada por predefinição) para distribuir os objectos entre os dois objectos mais exteriores selecionados,

2. Clique novamente no ícone **Alinhar forma** e selecione o tipo de distribuição pretendido na lista:

- **Distribuir horizontalmente**: para distribuir os objectos uniformemente entre as margens esquerda e direita dos objectos selecionados e as margens esquerda e direita do diapositivo.
- **Distribuir verticalmente**: para distribuir objectos uniformemente entre as margens superior e inferior dos objectos selecionados e as margens superior e inferior do diapositivo...

Também pode clicar com o botão direito do rato nos objectos selecionados, selecionar **Alinhar** no menu de contexto e, em seguida, utilizar uma das opções de distribuição disponíveis.

Nota: as opções de distribuição são desactivadas se forem selecionados menos de três objectos.

ORGANIZAR VÁRIOS OBJECTOS

Para **organizar** os objectos selecionados (ou seja, para alterar a sua ordem quando vários objectos se sobrepõem), clique no ícone **Organizar forma** no separador **Página inicial** barra de ferramentas superior e selecione o tipo pretendido na lista.

- **Mover para o primeiro plano**: para mover objectos para a frente de todos os outros objectos,
- **Mover um nível para a frente**: para mover objectos um nível para a frente em relação a outros objectos.
- **Mover para o fundo**: para mover objectos para trás de todos os outros objectos,
- **Recuar um nível**: mover objectos um nível para trás em relação a outros objectos.

Também é possível clicar com o botão direito do rato nos objectos selecionados, selecionar **Organizar** no menu de contexto e utilizar uma das opções de armazenamento disponíveis.

X .4.AGRUPAR OBJECTOS DE DESENHO

Para **agrupar** ou **desagrupar** *dois ou mais* objectos selecionados, clique no ícone **Organizar forma** no separador **Página inicial** barra de ferramentas superior e selecione a opção pretendida na lista:

- **Agrupar**: para combinar vários objectos de modo a poder rodar, mover, redimensionar, alinhar, organizar, copiar, colar e formatar simultaneamente como um único objeto.
- **Desvincular**: para desvincular o grupo selecionado objectos previamente combinados.

Também pode clicar com o botão direito do rato nos objectos selecionados, escolher a opção **Ordenar** no menu de contexto e, em seguida, utilizar a opção **Agrupar** ou **Desagrupar**.

Nota: a opção **Agrupar** é desactivada se forem selecionados menos de dois objectos. A opção **Desagrupar** só está disponível quando é selecionado um grupo de objectos previamente unidos.

CAPÍTULO XI

VÍDEOS EM POWERPOINT

Adicione vídeos aos seus diapositivos para melhorar as suas apresentações em PowerPoint! O software da Microsoft tem todas as funções necessárias para cortar, recortar, colorir, reproduzir em ecrã completo e arrancar automaticamente.

XI .1.INSERIR UM VÍDEO

Pode optar por integrar um clip armazenado no seu computador ou um vídeo do YouTube que será reproduzido em tempo real, em modo streaming, o que requer uma ligação à Internet. Note, no entanto, que os clips do YouTube não beneficiarão dos efeitos especiais.

- No PowerPoint, posicione-se no diapositivo que vai receber o vídeo.
- No separador **Inserir**, clique em **Vídeo** e selecione o clip no seu computador (**Este dispositivo**), ou transfira vídeos gratuitos oferecidos pela Microsoft (**Vídeos da loja**) ou introduza o endereço de um clip publicado num site de partilha de vídeos, como o YouTube ou o Vimeo (**Vídeos online**).

- Redimensione o vídeo agarrando uma das pegas nos quatro cantos do vídeo (evite agarrar as outras pegas, pois isso irá distorcer a imagem).

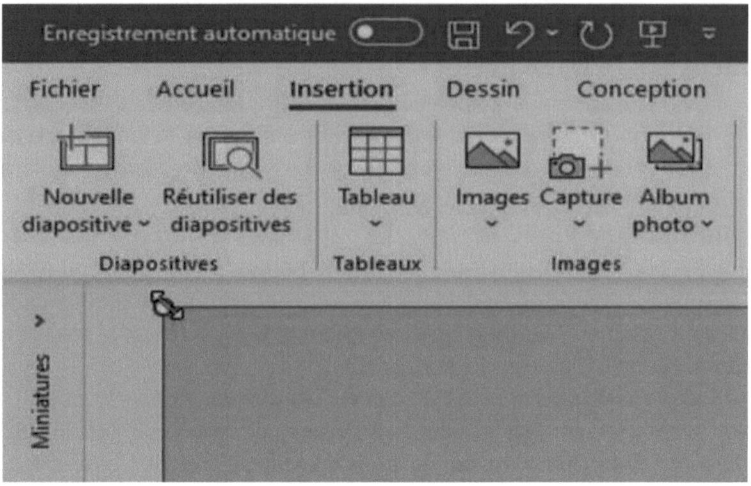

- Quando um vídeo é selecionado num diapositivo, são adicionados dois separadores ao friso. O separador **Formato de vídeo** é utilizado para formatar o vídeo, colori-lo, aplicar efeitos, cortá-lo, etc.
- O separador **Reproduzir** é utilizado para definir vários parâmetros, tais como iniciar automaticamente o vídeo, cortá-lo para manter apenas um extrato, reproduzi-lo em repetição enquanto o diapositivo ainda é apresentado, etc.

CORTAR UM VÍDEO NO POWERPOINT

O recorte de um vídeo consiste em apresentar apenas uma parte da imagem, em altura ou largura, em vez da moldura retangular completa. Uma vez cortado o objeto principal, pode até aplicar efeitos (forma redonda ou de estrela, coloração...). No PowerPoint, o recorte não é permitido nos vídeos do YouTube. Não confunda "recortar um vídeo" com "cortar um vídeo": cortar significa, por exemplo, manter um extrato de 10 segundos de um vídeo com a duração de 1 minuto.

- Clique no **vídeo** para o selecionar.
- Clique em **Formatar vídeo > Cortar**.
- Posicione o ponteiro do rato junto uma pega de corte preta,

agarrar e deslizar.

- Clique novamente no botão **Cortar** para confirmar ou prima **Esc** para cancelar.

- A operação não é definitiva e pode utilizar novamente a função **Cortar** para reduzir ou voltar a expandir a área a ser apresentada.
- As opções de corte são visíveis no painel vertical, clicando com o botão direito do rato no vídeo e selecionando **Formato de vídeo**.

• Para repor todos os efeitos aplicados a um vídeo, clique em **Formato de vídeo > Restaurar apresentação original.**

• Para repor todos os efeitos aplicados a um vídeo com um único clique, **clique em Formato de vídeo > Restaurar apresentação original.**

XI.2.REPRODUZIR/INICIAR VÍDEO

Antes de mais, o vídeo tem de começar assim que o seu diapositivo é apresentado. Pode ser um vídeo incorporado no ficheiro PowerPoint ou um vídeo externo, como um vídeo "ligado" armazenado no seu disco rígido ou um vídeo do YouTube. Note que se o seu diapositivo tiver passos de animação antes, esses passos serão executados antes do início do clip de vídeo.

• Clique no vídeo para o selecionar.

• No menu **Reprodução**, clique em **Iniciar: Automaticamente**.

Reproduzir um vídeo apenas se clicar nele

Tenha em atenção que o vídeo só será iniciado se clicar dentro da respectiva moldura. Clicar em qualquer outra parte do diapositivo (ou premir a barra de espaços, por exemplo) não iniciará o clip.

• Clique no vídeo para o selecionar.

• No separador **Reprodução**, clique em **Iniciar: Ao clicar**.

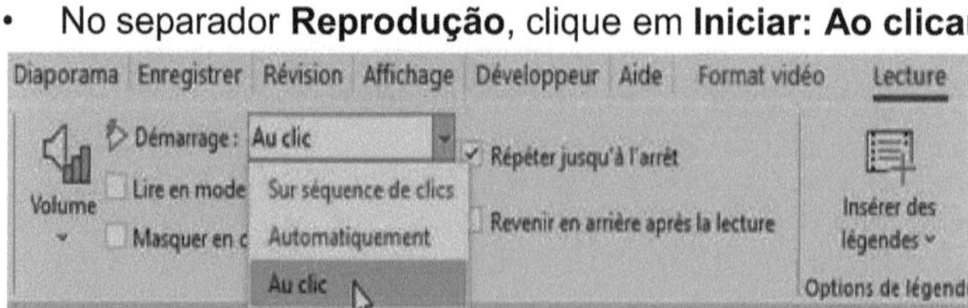

INICIAR UM VÍDEO QUANDO SE CLICA NO DIAPOSITIVO

Quando o diapositivo é apresentado, o vídeo não deve começar. Ele começará quando o rato for clicado no diapositivo, dependendo do tempo das animações que definiu para este diapositivo. Esta opção foi introduzida com o PowerPoint 2016.

- Clique no vídeo para o selecionar.
- No separador **Reprodução**, clique em **Iniciar: na sequência de cliques** no PC, ou **Iniciar: no clique em sequência** no Mac.

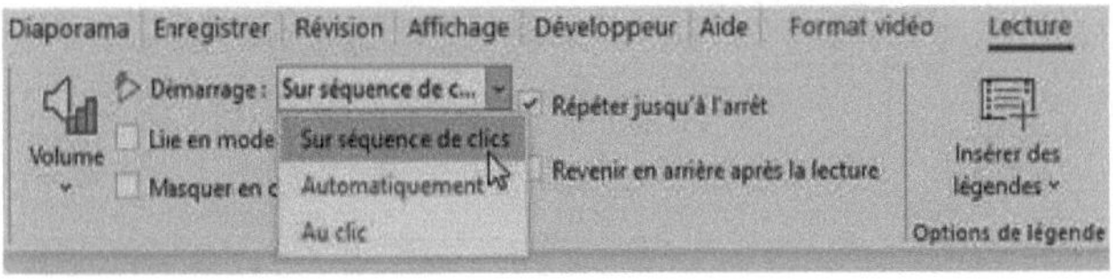

- Se pretender especificar o tempo das animações e da reprodução de vídeo para um diapositivo, adicionar accionadores, etc., clique **no** separador **Animações > painel Animação.**

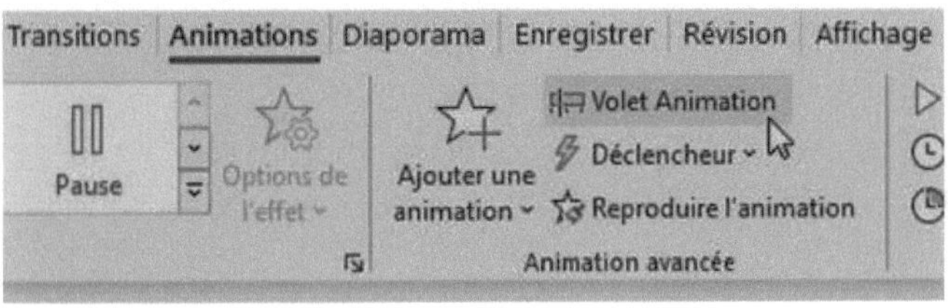

ý No *painel Animação*, reorganize os elementos e adicione animações e accionadores.

IX.3.FITA VAZIA

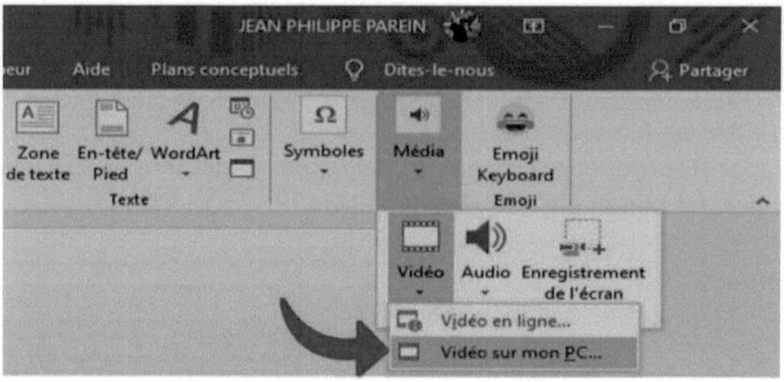
JEAN PHILIPPE PAREIN
Aide
Plans conceptuels
Dites-le-nous
Partager
Zone de texte
En-tête/ Pied
WordArt
Texte
Symboles
Média
Emoji Keyboard
Emoji
Vidéo
Audio
Enregistrement de l'écran
Vidéo en ligne...
Vidéo sur mon PC...

CAPÍTULO XII

FOTO DO POWERPOINT

XII.1.CRIAR UM ÁLBUM DE FOTOGRAFIAS

Para criar um **álbum de fotografias**, proceda da seguinte forma:

1. No separador **Inserir**, no grupo **Imagens**, clique no botão **Álbum de fotografias** :

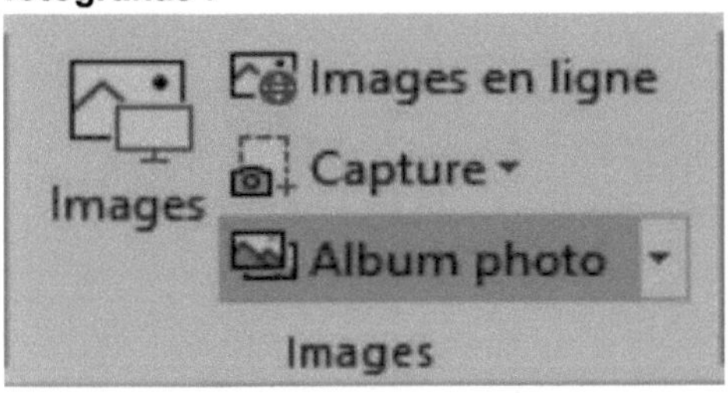

Ou selecione a lista pendente **Álbum de fotografias** e clique em **Novo álbum de fotografias...** :

2. Na caixa de diálogo **Álbum de fotografias** :

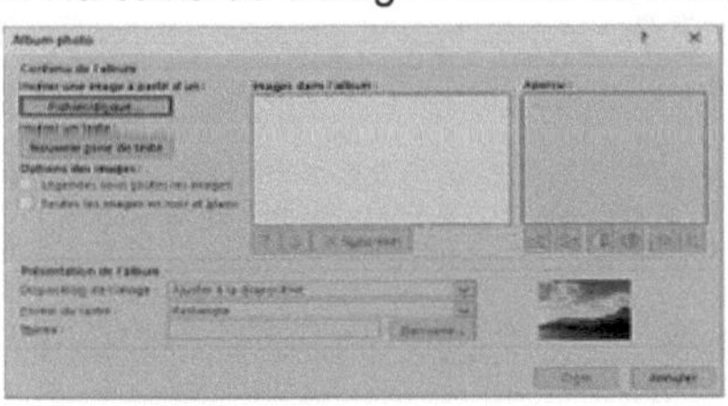

2.1. Clique no botão **Ficheiro/Disco...** para selecionar as imagens que pretende inserir:

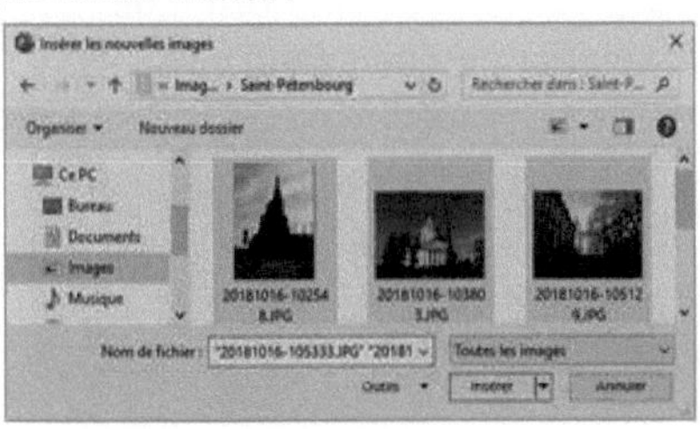

- Para selecionar várias imagens, mantenha premida a tecla **Ctrl** ou **Shift** enquanto clica nas imagens pretendidas.

- Para selecionar todas as imagens da pasta, **clique em Ctrl+A**.

2.2. Para cada imagem na lista **Imagens no álbum**, selecione a imagem e aplique as correcções necessárias utilizando os botões abaixo do painel **Pré-visualização**:

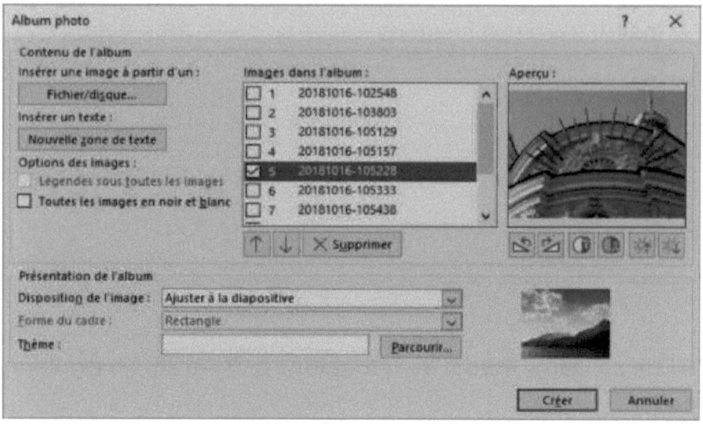

- Pode rodar para a esquerda ou para a direita, aumentar ou diminuir o contraste e aumentar ou diminuir o brilho.
- Utilize as setas para mover uma imagem para cima ou para baixo por ordem.

2.3. Na secção **Disposição do álbum**, abra a lista pendente **Disposição da imagem** e escolha a disposição que preferir.
preferir :

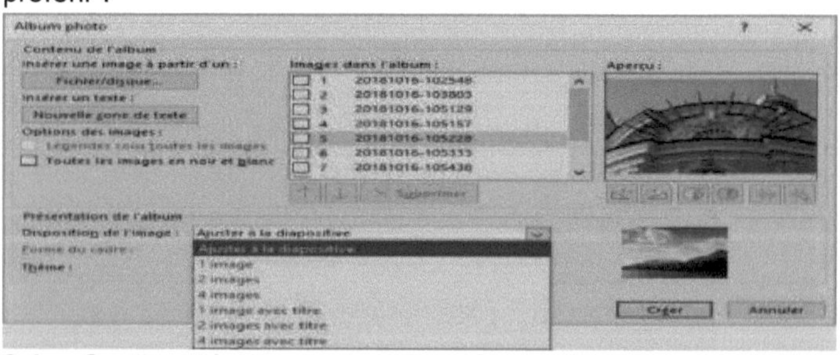

2.4. Se disponível, selecione uma forma de moldura na lista **Forma de moldura**. Algumas das escolhas no passo anterior não permitem escolher uma forma de moldura:

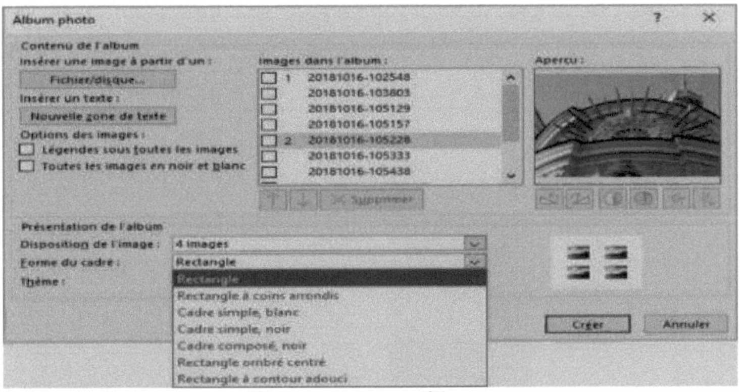

2.5. Pode criar temas especificamente para álbuns

e depois utilizá-los aqui, clicando no botão **Procurar...** para procurar um tema. Também pode querer experimentar os temas de álbuns de fotografias na caixa de diálogo quando cria o seu álbum de fotografias.
inicialmente o álbum de fotografias.

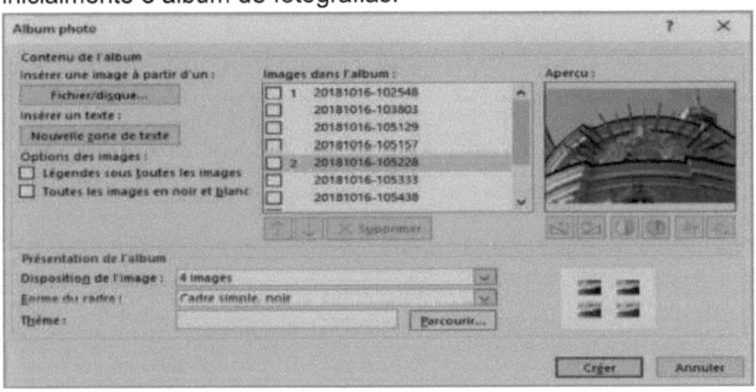

2.6. Para adicionar áreas de legendas a cada imagem, selecione a caixa **Legendas em todas as imagens.**

2.7. Para apresentar imagens a preto e branco, selecione a caixa **Todas as imagens a preto e branco**.

3. Clique no botão **Criar**.

XII.2.INSERIR UM SOM

A) ADICIONAR ÁUDIO DE UM FICHEIRO LOCAL

Passo 1. Abrir a apresentação PowerPoint

Abra a apresentação do PowerPoint e clique em "Inserir" > "Inserir".
Áudio". Em seguida, selecione "Áudio no meu PC".

Passo 2. Inserir o som

O separador do explorador de ficheiros abre-se e pode localizar o ficheiro de som que pretende utilizar e, em seguida, clicar em "Inserir".

B) ADICIONAR UMA GRAVAÇÃO ÁUDIO

Passo 1. Abrir a corrediça

Primeiro, tem de abrir o diapositivo onde pretende adicionar o áudio e pode clicar em "Inserir" > "Áudio". Depois, pode escolher a opção "Gravar áudio".

Passo 2. Gravar o áudio

Depois de abrir a opção de gravação, pode alterar o nome da sua gravação áudio. Em seguida, clique no botão "Gravar" para iniciar o áudio. Quando terminar, pare a gravação. De seguida, clique em "OK".

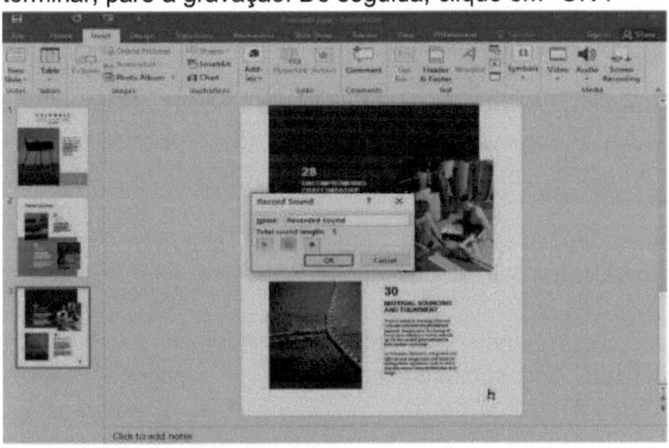

Passo 3. Reproduzir o áudio

Agora, pode selecionar o botão "Play" (Reproduzir) para verificar o áudio.
Também pode selecionar a opção "Play" (Reproduzir).
Ler em segundo plano" para tornar a apresentação mais atractiva.

XII.3.EDITAR UM ÁLBUM DE FOTOGRAFIAS

Para modificar o álbum de fotografias, ou seja, modificar todas as fotografias em vez de apenas uma de cada vez, vá para o separador "**Inserir**", controlo **"Álbum de fotografias"** e, em seguida, clique em **"Modificar álbum de fotografias..."**; a janela "Álbum de fotografias" é novamente apresentada. Faça as alterações e depois clique em **"Atualizar".** Todas as alterações autorizadas aquando da criação do álbum são possíveis incluindo a adição de novas fotografias.

Tenha em atenção que, quando são feitas modificações, o álbum de fotografias é recriado; consequentemente, as modificações feitas anteriormente e individualmente a um ou mais diapositivos desaparecerão. Apenas os ajustes efectuados na janela "Álbum de fotografias" serão tidos em conta.

CAPÍTULO XIII

UTILIZAÇÃO DO SCANNER

Um scanner é um periférico de computador, tal como uma impressora, ligado a um computador. Permite ao utilizador digitalizar um documento em papel numa imagem digital que aparece no ecrã do computador. O papel passa sob um feixe de luz que capta a informação contida no documento e a retranscreve. Uma vez digitalizado, o documento pode ser modificado ou guardado diretamente no computador. Existem vários tipos de scanner.

> O scanner de mesa: o documento é colocado numa superfície de vidro e um feixe de luz digitaliza a página e transmite a informação para computador.

> O scanner de mão: o documento é colocado numa superfície plana e o utilizador utiliza este dispositivo para o deslocar sobre o papel.

> Scanner de rolagem: semelhante a um fax. O documento é digitalizado em frente a uma ranhura de luz fixa que digitaliza o conteúdo do papel.[9]

XIII.1.INSTALAÇÃO

O princípio da digitalização baseia-se na leitura da superfície de um documento, colocado no vidro uma impressora ou scanner, por uma lâmpada móvel situada nas suas extremidades. A lâmpada difunde a luz que é reflectida linha a linha por um conjunto de espelhos. Os raios de luz convergem para um sensor para serem reconstruídos. Através de uma ligação USB, a imagem é transferida para um computador.

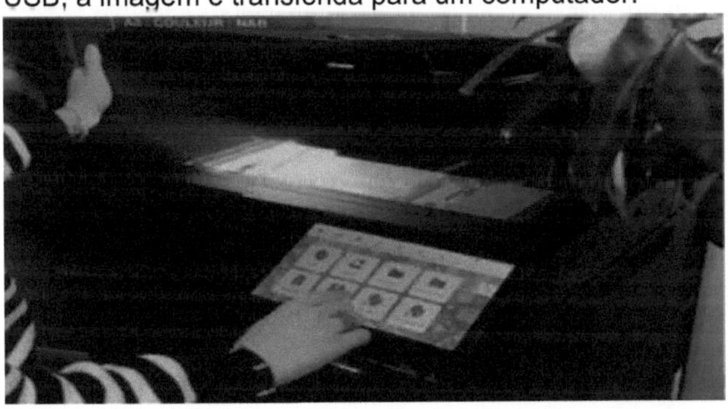

Para utilizar um scanner, primeiro instale-o e, em seguida, insira o CD de instalação na unidade de CD do computador, se não existir um CD. Em seguida, visite o sítio Web do fabricante para transferir ficheiros de instalação e siga as instruções de instalação.

PARA SCANNERS USB

Basta seguir as instruções abaixo:

- sair e terminar todos os programas no computador sem o desligar;
- ligar o scanner USB ao computador ;

[9] https: //www.location-entretien-photocopieur. fr, consultado em 20/10/2023 às 06h23

- ligar a fonte de alimentação do scanner ;
- ligar o scanner e aguardar que o PC reconheça o dispositivo instalado
- Aparência do gestor de hardware do scanner no computador.

PARA SCANNERS FIREWIRE

Siga os passos abaixo:

- encerrar e terminar todos os programas no computador sem o desligar;
- ligue o scanner a uma porta FireWire no computador;
- ligar o scanner ;
- ligar o scanner e aguardar que o condutor seja identificado;
- seguir as instruções apresentadas pelo gestor do equipamento.

PARA O SCANNER SCSI

Siga os passos abaixo:

- inserir a placa SCSI e ligá-la ao conetor do bus PC ;
- recolocar a tampa e apertar a caixa;
- inserir a placa SCSI e ligá-la ao conetor do bus PC ;
- ligar o conetor paralelo à porta da impressora ;
- ligação e alimentação do scanner epiniere ;
- ligar o scanner e o computador ;
- seguir as instruções apresentadas pelo gestor do equipamento.

XIII.2.UTILIZAÇÃO

1. Inicie o utilitário e procure um botão ou menu **do Numerador**. No nosso exemplo, chama-se **Num/Import**.

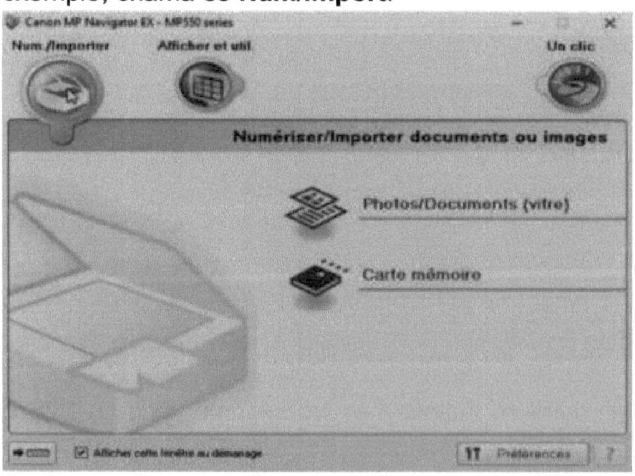

2. Se o software o oferecer, active a opção **Utilizar controlador de scanner**.

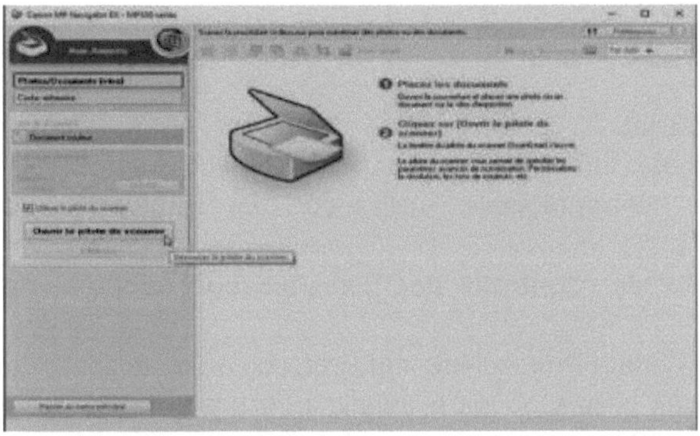

3. A sua máquina está agora detectada e pronta a ser utilizada. Clique no botão **Aperqu** ou **Preview** para verificar se tudo está a funcionar corretamente.

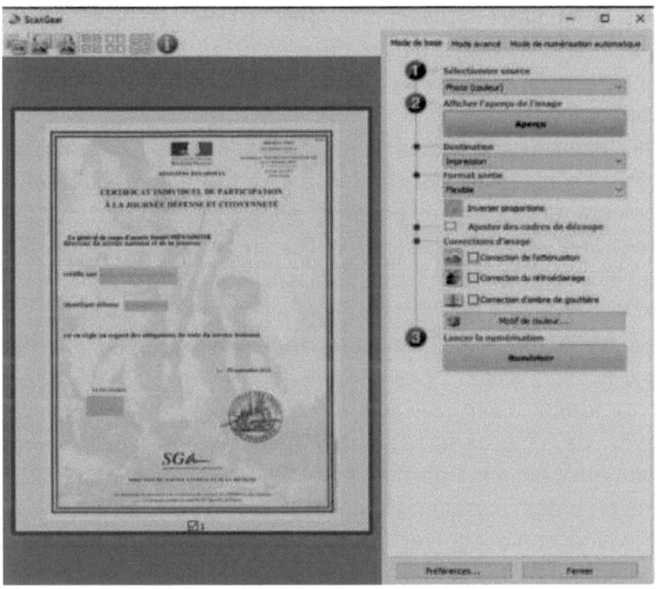

CAPÍTULO XIV

REDE INTERNET

Definição de Reseau internet:

[10]Um conjunto de redes globais interligadas que permitem que computadores e servidores comuniquem eficientemente utilizando um protocolo de comunicações comum (IP) .

XIV.1 TCP/IP (Protocolo de Controlo de Transmissão/Protocolo da Internet)

TCP/IP, ou Transmission Control Protocol/Internet Protocol, é um conjunto de protocolos de comunicação utilizados para interligar dispositivos de rede através da Internet. O TCP/IP também pode ser utilizado como um protocolo de comunicações numa rede local (LAN).

O conjunto completo de protocolos da Internet, ou seja, um conjunto de regras e procedimentos, é normalmente designado por TCP/IP, embora outros estejam incluídos no conjunto. O conjunto de protocolos TCP/IP funciona como uma camada de abstração entre as aplicações da Internet e a estrutura de encaminhamento e comutação.

O protocolo TCP/IP especifica a forma como os dados são trocados na Internet, fornecendo comunicações de extremo a extremo que identificam a forma como devem ser divididos em pacotes, endereçados, transmitidos, encaminhados e reenviados para o destino. O TCP/IP requer pouca gestão central e foi concebido para tornar as redes fiáveis, com a capacidade de recuperação automática em caso de falha de qualquer dispositivo da rede.

Os dois principais protocolos do conjunto de protocolos da Internet desempenham funções específicas.

> **O TCP** define a forma como as aplicações podem criar canais de comunicação através de uma rede. Também gere a forma como uma mensagem é reunida em pequenos pacotes antes de ser transmitida através da Internet e reunida na ordem correta no endereço de destino.

> **O endereço IP** define como endereçar e encaminhar cada pacote para chega ao destino correto. Cada computador gateway na rede verifica este endereço IP para determinar para onde encaminhar a mensagem.

CAMADAS DO MODELO TCP/IP

A funcionalidade TCP/IP está dividida em quatro camadas, cada uma das quais contém protocolos específicos:

- **A camada de aplicação** fornece às aplicações um intercâmbio de dados normalizado. Os seus protocolos incluem HTTP, FTP, HTTP, etc.
- Post Office Protocol 3 (POP3), Simple Mail Transfer Protocol (SMTP) e Simple Network Management Protocol (SNMP). Na camada de aplicação, a carga útil são os dados reais da aplicação.

[10] https://actualiteinformatique.fr, consultado em 20/10/2023 às 06:49'.

- **A camada de transporte** é responsável pela manutenção das comunicações de extremo a extremo na rede. O protocolo TCP gere as comunicações entre anfitriões e fornece controlo de fluxo, multiplexagem e fiabilidade. Os protocolos de transporte incluem o TCP e o Protocolo de Dados do Utilizador (UDP), que é por vezes utilizado em vez do TCP para fins especiais.
- **O nível de rede**, também conhecido como nível Internet, processa os pacotes e liga redes independentes para transportar os pacotes através dos limites da rede. Os protocolos da camada de rede são o IP e o ICMP (Internet Control Message Protocol), que é utilizado para a notificação de erros.
- **O nível físico,** também conhecido como nível de interface de rede ou nível de ligação de dados, é constituído por protocolos que funcionam apenas numa ligação, ou seja, o elemento de rede que interliga os nós ou anfitriões da rede. Os protocolos deste nível inferior incluem a Ethernet para redes locais (LAN) e o protocolo de resolução de endereços (ARP).

XIV.2.PARTILHA DE REDE LOCAL

PCS DE REDE

A Microsoft simplificou bastante as operações necessárias para ligar vários PCs a uma rede local. Cada um poderá aceder a uma pasta fornecida por um utilizador no seu próprio computador. Obviamente, para que tudo funcione na perfeição, cada máquina deve estar ligada à Internet box através de Ethernet ou Wi-Fi.

> Para começar, é necessário verificar se cada PC que vai entrar na rede está a utilizar a mesma configuração que a caixa da Internet. Por predefinição, o Windows 10 considera a rede da sua caixa como uma rede pública e aplica determinadas restrições. + Aceda às *Definições* do Windows premindo as teclas **Win I** do teclado e, em seguida, clique em **Rede e Internet**.

> A janela de *Estado* que aparece mostra como o computador está ligado à Internet (neste caso, através da rede Wi-Fi configurada pela caixa). Clique no botão **Propriedades** localizado no tipo de ligação utilizado.

> Na secção *Perfil de rede*, active a caixa **Privado**, se ainda não o tiver feito. Isto dar-lhe-á acesso à partilha de ficheiros e impressoras. Repita estas operações em cada PC.

> Agora, volte à janela anterior clicando na **seta no canto superior esquerdo da** interface, junto a *Definições*. Desloque-se para baixo e clique na ligação **Centro de Rede e Partilha**.

> É apresentado o Painel de Controlo do Windows com as opções de definições. No painel do lado esquerdo, clique na ligação **Modificar definições de partilha avançadas**.

> Na secção *Privado (atual)*, verifique se **a** caixa **Ativar descoberta de rede** está assinalada, tal como a caixa **Ativar configuração automática de dispositivos ligados à rede**.

> Agora, abra a secção *Todas as redes*. Na secção *Partilha de pasta pública*, assinale a caixa **Ativar partilha (...)** para abrir o acesso à pasta *pública* do utilizador. Na secção *Partilha protegida por palavra-passe*, assinale a caixa **Desativar partilha protegida por palavra-passe**. Sem esta precaução, cada membro do agregado familiar teria de ter uma conta de utilizador neste PC para partilhar ficheiros. Clique no botão **Guardar alterações** na parte inferior da janela. Repita estas operações em todos os PCs que vão aderir à rede.

> Os seus PCs têm agora a configuração correta para partilhar ficheiros. + Num deles, abra o Explorador de Ficheiros premindo as teclas **Win E** do teclado. Clique na **seta** à esquerda de *Acesso rápido* e selecione **Rede**.

> O Explorador do Windows mostra todas as máquinas atualmente ligadas à sua rede local. Os computadores que acabou de configurar (incluindo o que está a utilizar), mas também a sua caixa, se esta puder funcionar como servidor;

> Faça duplo clique **sobre o nome de um dos PCs** ligados. Na janela que aparece, introduza um nome de utilizador: pode escrever qualquer coisa, mesmo uma palavra que não corresponda a nenhum nome. Não introduza uma palavra-passe no campo seguinte e clique em **OK**.

> O Explorador de Arquivos exibe um ícone da pasta *Usuários*. Abra-a. Verá agora uma pasta *Pública*. Pode colocar qualquer ficheiro nesta pasta. Este será copiado para o espaço de armazenamento do PC onde se encontra. Da mesma forma, todos os itens desta pasta permanecem acessíveis a todos os computadores da rede. É muito mais fácil trocar ficheiros do que utilizar uma pen USB!

> Finalmente, pode facilitar o seu acesso a esta pasta *pública*. Clique com o botão direito do rato na pasta *Utilizadores* que contém a *pasta Pública*. No menu pop-up, escolha **Conectar uma unidade de rede**.

> Pode deixar todas as opções como estão ou escolher uma letra de unidade de rede no menu *Unidade*, se desejar. Clique em **Concluir**.

> A partir de agora, sempre que este PC se ligar à rede, aparecerá na lista *Este PC* no Explorador de Ficheiros do Windows.

PARTILHAR UMA PASTA ESPECÍFICA NO WINDOWS

A pasta Pública nas contas de utilizador do Windows é especificamente dedicada à partilha de ficheiros. No entanto, não há nada que o impeça de partilhar a pasta da sua preferência.

> Num dos PCs ligados à rede, por exemplo, crie uma nova pasta no ambiente de trabalho (clique com o botão direito do rato e escolha **Novo > Pasta**). Dê a esta pasta o nome que quiser (no nosso exemplo, chamar-lhe-emos *PARTILHA*).

> Clique com o botão direito do rato na pasta e selecione **Conceder acesso a > Pessoas específicas**.

> Na janela que aparece, clique na **seta que aponta para baixo** junto ao botão *Adicionar*, que está cinzento. Selecione **Todos** nas opções.
> Clique no botão **Adicionar** que se tornou acessível e, em seguida, no botão **Partilhar** na parte inferior da janela.
> O Windows resume a sua operação e mostra o caminho para a nova pasta partilhada. Clique em **Concluir**.
> A partir de outro computador, aceda ao PC no qual acabou de criar e partilhar a sua pasta, tal como explicado acima. Desta vez, a pasta *Utilizadores* contém, para além da pasta *Pública*, uma nova pasta com o nome de utilizador do PC remoto;
> Abra-a. Tem acesso à pasta *Ambiente de trabalho*. Isto é normal, uma vez que foi a pasta *PARTILHA* foi criada. Abra-a para aceder à mesma. Note que não poderá ver os outros itens guardados no ambiente de trabalho do PC remoto: apenas a pasta partilhada (e o seu conteúdo) permanecerá visível e acessível;
> Se pretender deixar de partilhar esta pasta específica, clique novamente com o botão direito do rato no **respetivo ícone**. No menu de contexto, selecione **Conceder acesso a > Remover acesso**.

XIV.3 SERVIÇO INTERNET: MENSAGENS INSTANTÂNEAS E VIDEOCONFERÊNCIA (Skye, etc.)

XIV.3.1.MENSAGENS INSTANTÂNEAS

As mensagens instantâneas (MI) são uma ferramenta trocar mensagens, muitas vezes por escrito, de forma síncrona e em tempo real. [11]As MI incluem uma função de presença, ou seja, a capacidade de saber se um determinado contacto está presente ou disponível (um contacto pode parecer estar presente mas não disponível, por exemplo, numa reunião) .

EXEMPLO DE FERRAMENTAS QUE UTILIZAM MENSAGENS INSTANTÂNEO

Facebook Messenger, Grátis, A aplicação de mensagens instantâneas do Facebook

Telegrama

[11] https://www.lemagit.fr, consultado em 20/10/2023 às 07H47'.

Grátis

Uma aplicação de mensagens de código aberto

Viber

Grátis

Uma aplicação segura de mensagens instantâneas

Sinal

Grátis

Uma aplicação de mensagens instantâneas segura e de código aberto

WhatsApp

Grátis

Uma referência em mensagens instantâneas

Microsoft Teams

Freemium

Uma plataforma de colaboração empresarial pertencente ao pacote Office

XIV.3.2. VIDEOCONFERÊNCIAS

Teleconferência em que os participantes estão ligados por circuitos de televisão que permitem a transmissão de voz, imagens em movimento e documentos gráficos.

Uma videoconferência é uma **reunião em linha que envolve vários participantes, com fluxos de entrada e saída de áudio e vídeo**. É possível ver as expressões e reacções dos outros participantes, bem como ouvir o que dizem.

Também podemos falar de videoconferência. De um modo geral, **os dois termos são completamente sinónimos** e a maioria das pessoas utiliza um termo em vez do outro, consoante as suas preferências. Atualmente, é o termo mais moderno "Visioconferência" que ganha em França, no sentido em que parece mais moderno do que um simples vídeo.

Exemplos de software de videoconferência

1. Tempestade viva
3. Microsoft Teams
4. Reunião do TeamViewer
5. Zoho Meeting
6. Reuniões Zoom
7. Webex

XIV.4.FTP (Protocolo de Transferência de Ficheiros)

FTP significa File Transfer Protocol (Protocolo de Transferência de Ficheiros). Este protocolo de comunicação é utilizado para trocar ficheiros entre um servidor e um cliente. O FTP é útil para transferir ficheiros entre computadores, quer remotamente quer dentro de uma rede local - o seu computador pessoal pode até funcionar como um servidor FTP. O FTP também pode ser utilizado para carregar ficheiros de um computador para uma conta de alojamento web.

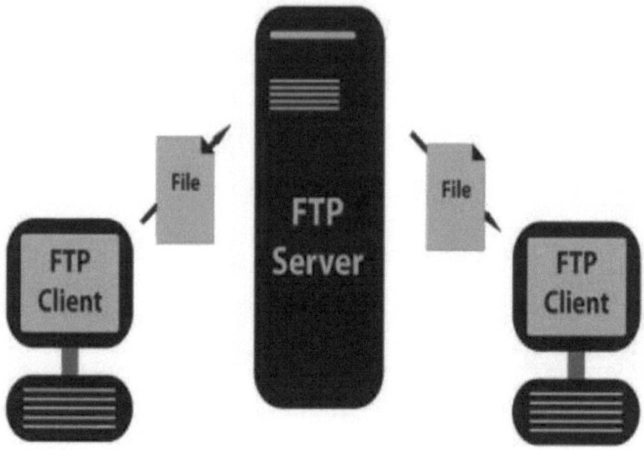

O protocolo foi desenvolvido pela primeira vez em 1971 por Abhay Bhushan Pandey, um estudante do Massachusetts Institute of Technology. Desde então, o FTP passou por várias revisões para o tornar mais seguro. Atualmente, existem pelo menos três variantes do protocolo, sobre as quais falaremos mais detalhadamente nas secções seguintes.

CAPÍTULO XV

MENU DE REVISÃO DE PALAVRAS

Este separador permite-lhe verificar e rever o documento, bem como protegê-lo.

1. Bloco **de verificação** :

- para verificar a gramática e a ortografia: F7
- para procurar texto em obras de referência: Alt+clique com o botão esquerdo do rato
- para encontrar sinónimos: Shift+F7
- para definir a língua [nota: quando o de equações é muito utilizado, o sistema muda para inglês ou neerlandês...] ;
- para traduzir; note a diferença entre a **tradução** e **a dica de ferramenta de tradução** [ver dicas de ferramentas ao lado] ;

2. Bloco de **comentários**: para adicionar comentários [numa "dica de ferramenta" na margem que é adicionada], passar de um para outro ou apagá-los;

3. bloco **Acompanhamento** :

- para realçar as alterações de texto com cores, quer no texto quer nas dicas de ferramentas;
- se deve ou não apresentar marcas de verificação ;
- apresentar o painel Verificação ;

4. **alterações** de blocos :

- aceitar ou rejeitar alterações (que são depois incorporadas no texto ou suprimidas) ;
- passar de uma modificação para outra ;

5. **Comparar** bloco :

- para comparar duas versões do mesmo documento (no modo Revisão) ou para combinar as revisões de vários autores num único documento;
- para visualizar os documentos de origem ;

6. Bloco de **proteção**: para proteger contra modificações acidentais, restringindo a formatação ou as modificações; pode ou não definir uma palavra-passe. Pode proteger todo o documento ou apenas parte dele.

CAPÍTULO XVI

MENU DE REVISÃO DO EXCEL

Neste separador, o Excel oferece-lhe ferramentas para verificar o seu documento. Verificar a ortografia, procurar uma palavra num dicionário, encontrar um sinónimo ou traduzir uma palavra, proteger a folha, a célula, o livro de trabalho, partilhar o livro de trabalho, acompanhar as alterações, etc.

XVI.1.ORTOGRAFIA

Para alterar o idioma ao verificar a ortografia de uma base de dados ou de um livro de trabalho, altere o idioma do dicionário durante o processo de verificação ortográfica:

1. No separador **Revisão** do Excel ou no separador **Página Inicial** do Access, clique em **Ortografia.**
2. No painel ou caixa de diálogo **Ortografia**, selecione a língua pretendida na lista de **línguas do Dicionário**.

XVI.2.PESQUISA

Passo 1: encontrar a função de pesquisa

> Clique em **Pesquisa de revisões**.

No Outlook, o separador Revisão só é apresentado no inspetor de mensagens. Por isso, primeiro é necessário iniciar uma nova mensagem.

Passo 2: Procurar opções de pesquisa

Na parte inferior do painel Pesquisa do Office, clique em **Opções de pesquisa**.

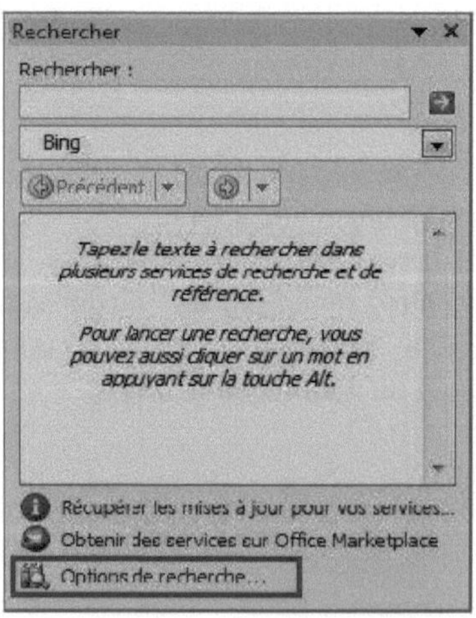

> Outra forma de encontrar as opções de pesquisa **clicar em Opções** > ficheiro **Centro de gestão da privacidade**. Em seguida, clique no botão **Definições** do Centro de privacidade para abrir a caixa de diálogo **Centro de** privacidade. Agora, clique no separador **Opções de privacidade** e, em

seguida, clique no **botão Opções de pesquisa**.

Passo 3: Defina as suas opções de pesquisa

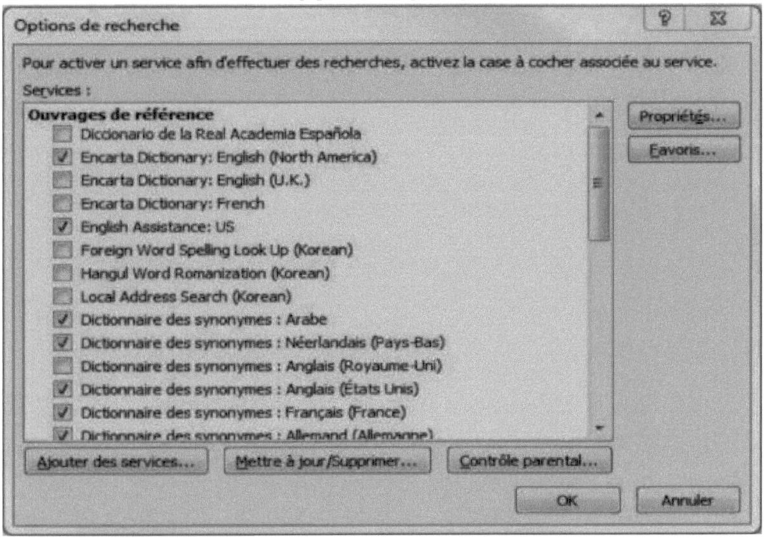

Efetuar pelo menos uma das seguintes operações:

- Para ativar ou desativar os serviços de pesquisa, marque ou desmarque as caixas pretendidas e clique em **OK.**
- Para adicionar serviços de pesquisa, clique em **Adicionar serviços**, selecione ou escreva o endereço de Internet do serviço pretendido na caixa **Endereço** e, em seguida, clique em **Adicionar**. O serviço é automaticamente ativado para pesquisa e aparece na lista de **Pesquisa** da próxima vez que abrir o painel **Pesquisa** do Office.

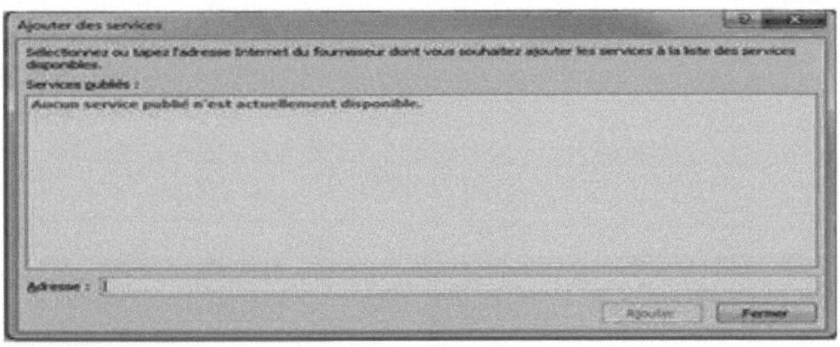

XVI.3.DICIONÁRIO DE SINÓNIMOS

Mesmo no Excel, pode ser necessário encontrar sinónimos para determinadas palavras.

1. Selecione uma célula e introduza a palavra **etonnant**.

2. Selecione **o separador Revisão**.
3. Selecione a opção **Thesaurus**.

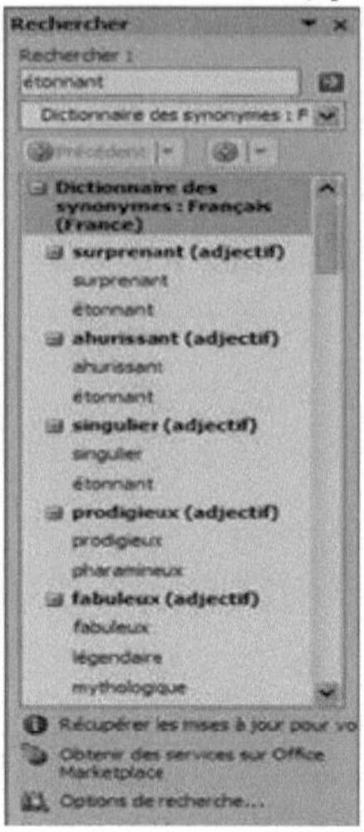

O painel de sinónimos será aberto no lado direito do ecrã com palavras semelhantes. Pode clicar em qualquer palavra da lista para continuar a sua pesquisa. Também pode começar a procurar outras palavras.

XVI.4.PROTECÇÃO DA FOLHA

Selecione **o separador Revisão**. Prima o botão **Proteger folha**.

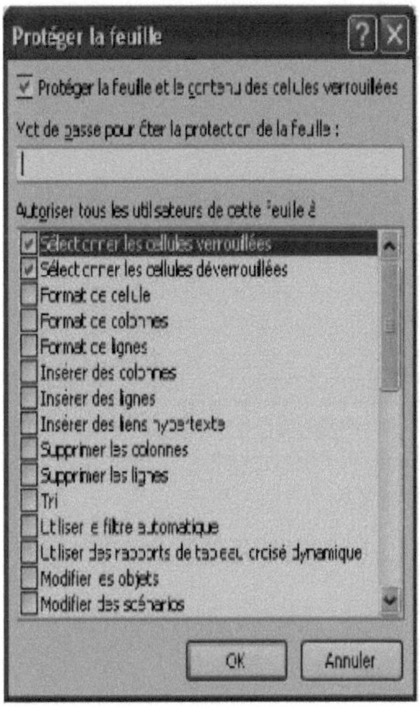

Aparecerá a janela da direita. Não é necessário introduzir uma palavra-passe. A palavra-passe é opcional. Pode deixar esta caixa vazia e continuar a proteger a sua folha de cálculo.

Existem várias opções que podem ser protegidas, para além do conteúdo das células. A lista inclui todos os elementos sobre os quais pode ter controlo para preservar a apresentação ou permitir
determinadas opções.

XVI.5.PROTECÇÃO DA PASTA

Também tem a opção de proteger todo o livro de trabalho em vez de apenas uma única folha de cálculo.

1. Selecione **o separador Revisão**.
2. Prima o botão **Proteger pasta**.

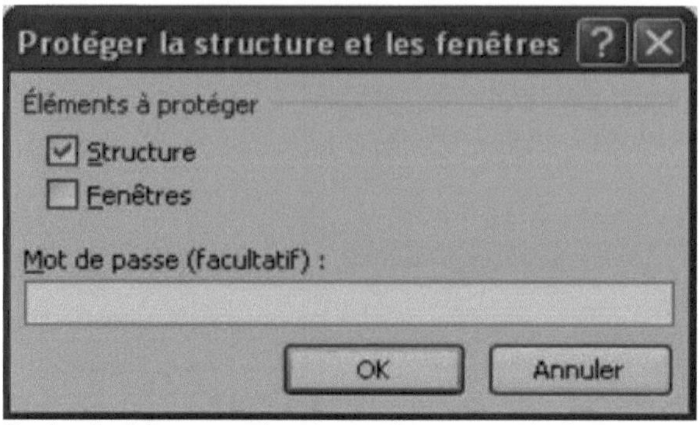

Pode decidir se pretende proteger a estrutura ou a localização da janela se tiver vários documentos ou vistas abertos ao mesmo tempo.

XVI.6.PARTILHAR A PASTA

Esta opção permite que vários utilizadores introduzam ou modifiquem dados ao mesmo tempo no mesmo livro de trabalho. Para garantir que os dados importantes não são substituídos por outros utilizadores, o livro de trabalho partilhado mantém um registo das alterações feitas a cada célula. Pode rever as alterações e decidir quais devem ser mantidas ou alteradas.

O Excel 2007 permite-lhe partilhar um livro com vários utilizadores. É necessário guardar o livro numa pasta de rede que seja acessível a outros utilizadores. Em seguida, é necessário partilhar o livro de trabalho. O proprietário do documento pode retirar a partilha do livro de trabalho em qualquer altura. No entanto, as modificações não guardadas pelos utilizadores antes de a partilha ser interrompida não serão mantidas.

XVI.7.ACOMPANHAMENTO DAS ALTERAÇÕES

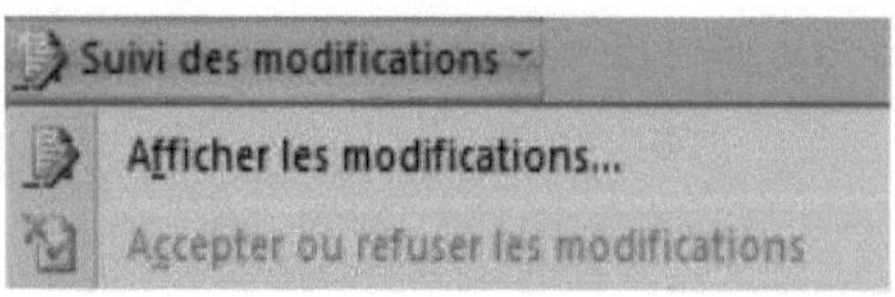

Ao partilhar um documento, pode pedir para acompanhar as alterações às células. Pode então decidir sobre o conteúdo uma célula se várias pessoas tiverem introduzido informações diferentes na mesma célula.

CAPÍTULO XVII

GUARDAR DADOS INFORMÁTICA

[10]Uma cópia de segurança do computador protege os dados contidos no seu sistema informático, protegendo-os, normalmente à distância, a partir do seu próprio servidor.

XVII.1.GRAVAÇÃO EM DVD/CD

A "gravação" é normalmente designada como a cópia de música, imagens e vídeos de um PC para um CD ou DVD virgem. Por outro lado, "ripar" envolve a cópia de música, imagens e vídeos de um CD ou DVD para um PC. O Windows Media Player no Windows permite-lhe fazer as duas coisas.

Método 1: Utilizar a função de gravação integrada do Windows 10

- Introduzir um CD ou DVD virgem no gravador de CD/DVD
- Abrir **o Explorador de Ficheiros** do Windows
- Selecione todos os ficheiros que pretende gravar a partir da respectiva localização
- Clique com o botão direito do rato e depois em **Enviar** para e escolha o CD a gravar
- Aparece a janela **Gravar um disco**
- Introduzir um nome de disco
- Selecione **Com uma unidade de CD/DVD** e clique em **Seguinte** Os ficheiros são agora copiados. A unidade de CD/DVD abre-se:
- Copiar os ficheiros para a unidade do gravador
- Clique em **Ferramentas do jogador**
- Clique em **Concluir a gravação**

É assim que o Windows 10 grava o seu CD ou DVD

Método 2: Com o Windows 10 Media Player

- Introduzir um CD ou DVD virgem
- Abrir **o Windows Media Player**
- Clique em **Gravar** (canto superior direito)

[10] https://www.appvizer.fr, consultado em 21/10/2023 às 07h03

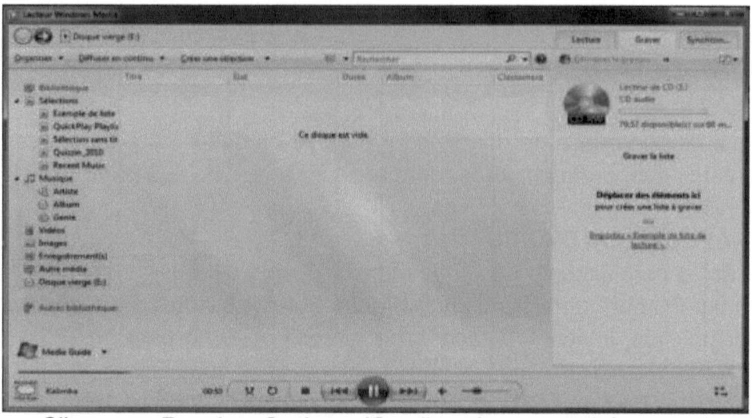

- Clique em **Burning Options (Opções de gravação)** e escolha Data CD ou DVD (para reprodução em PCs e alguns leitores que suportem estes formatos) ou Audio CD (para gravar ficheiros MP3, WMA ou WAV para reprodução em todos os leitores de CD e auto-rádios).
- Abra **o Explorador de Ficheiros do Windows** e navegue até à localização dos seus ficheiros
- Certifique-se de que consegue ver **o Explorador de ficheiros** e **o Windows Media Player** ao mesmo tempo
- Selecione os seus ficheiros e arraste-os para a lista de gravação **do Windows Media Player**
- Reordenar os ficheiros, se necessário
- Por fim, clique em **Iniciar gravação**

O Windows irá gravar o CD ou DVD e verá uma barra de progresso até o processo estar concluído.

CAPÍTULO XVIII

FUNÇÕES (FINANCEIRA, CONTABILÍSTICA, LÓGICA)

XVIII.1.FUNÇÃO FINANCEIRA

Aqui estão as 5 funções financeiras mais comuns do Excel:

- **a função NPM** para o cálculo das mensalidades ;
- **a função VA** para determinar o montante do capital emprestado ou investido ;
- **a função VC** para saber o montante a pagar no final de um empréstimo bancário ou o capital no final de uma apólice de seguro de vida;
- **a função VPM** para calcular o montante a pagar ou a investir em cada mês;
- **a função TAXA** para determinar uma taxa percentual por período.

XVIII.2.FUNÇÃO CONTABILÍSTICA

1. A função VAN.PAYMENTS

Esta função é usada para determinar o valor da empresa usando o valor presente líquido de uma série de fluxos de caixa descontados. Ao contrário do VLq do Excel, a função VAN.PAYMENTS usa datas específicas para os fluxos de caixa.

A sintaxe da função VAN.PAYMENTS é a seguinte:

= VAN.PAYMENTS (Taxas; Valores; datas)

SOMME | =VAN.PAIEMENTS(B6;B3:H3;B2:H2)

	A	B	C	D	E	F	G	H
1		Chiffre d'affaire						
2	Dates	07/10/2017	06/01/2018	10/01/2018	02/02/2019	08/05/2019	04/06/2020	10/09/2020
3	flux de trésorerie	2000	5000	6500	2800	3000	2860	5600
4	VAN.PAIEMENT	=VAN.PAIEMENTS(B6;B3:H3;B2:H2)						
5		VAN.PAIEMENTS(taux; valeurs; dates)						
6	Taux de remise	8%						
7								

2. A função SORT.PAYMENTS

A função TRI.PAYMENTS é classificada como uma função financeira do Excel. Ela calculará a taxa interna de retorno (TIR) para uma série de fluxos de caixa que podem não ser periódicos. Para isso, atribui datas específicas a cada fluxo de caixa. A principal vantagem da função IRR.PAYMENTS do Excel é que é possível modelar com precisão estes fluxos de caixa planeados de forma desigual.

A sintaxe da função é a seguinte:

= TRI.PAYMENTS(fluxo de caixa; datas; [Estimativa])

O parâmetro de estimativa é facultativo. É a sua estimativa da taxa interna de rendibilidade. Se o parâmetro for omitido, assume um valor constante de 10%.

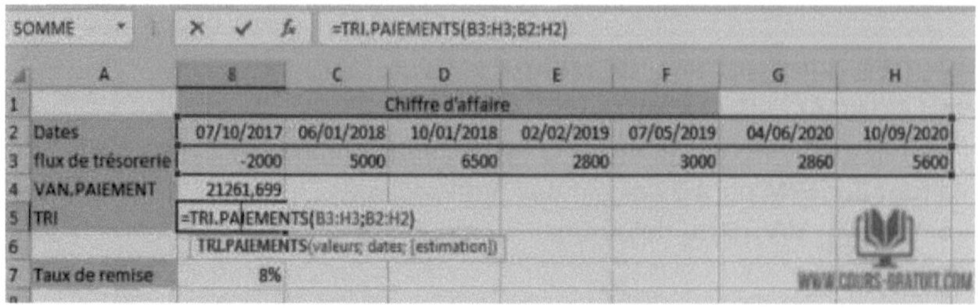

O VAL e a TIR do Excel assumem que os períodos de tempo no fluxo de caixa são iguais, mas por vezes os fluxos de caixa não estão sincronizados de forma uniforme, pelo que o VAL.PAGAMENTOS e a TIR.PAGAMENTOS são utilizados para resolver o problema.

3. A função TRIM

Esta função é muito importante para analisar a taxa interna de rendibilidade. Trata-se de uma fórmula modificada utilizada quando os fundos de um investimento são utilizados noutro investimento.

Por exemplo, se o dinheiro para um novo terreno for investido num novo veículo automóvel.

A sintaxe da função TRIM é a seguinte:

=TRIM(fluxo de caixa; custo do empréstimo; taxa de reinvestimento)

Supondo uma empresa produz uma taxa interna de rentabilidade, uma TIR, com uma taxa de financiamento de 6% e que o dinheiro é reinvestido num veículo a uma taxa de 5%, a TIRM será então superior à TIR.

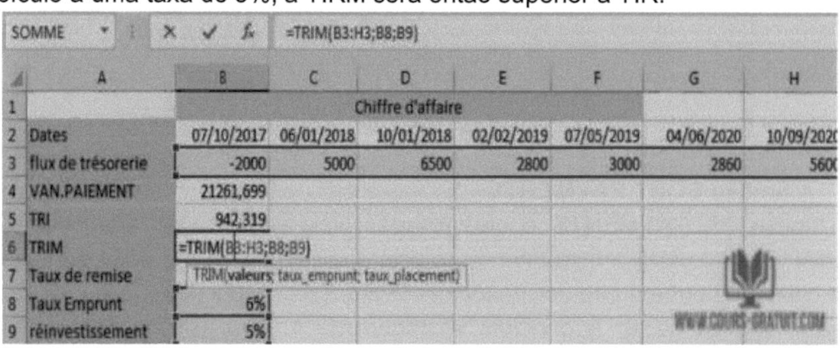

4. A função VPM

A função VPM é utilizada no sector imobiliário, na banca comercial ou na análise financeira de posições com planos de dívida. A fórmula é principalmente utilizada como calculadora de pagamentos de hipotecas. Uma vez fornecida a juro, o período e a hipoteca disponíveis, pode calcular facilmente o montante do pagamento.

A sintaxe da função é a seguinte: **= VPM(taxa; número de períodos; valor atual)**

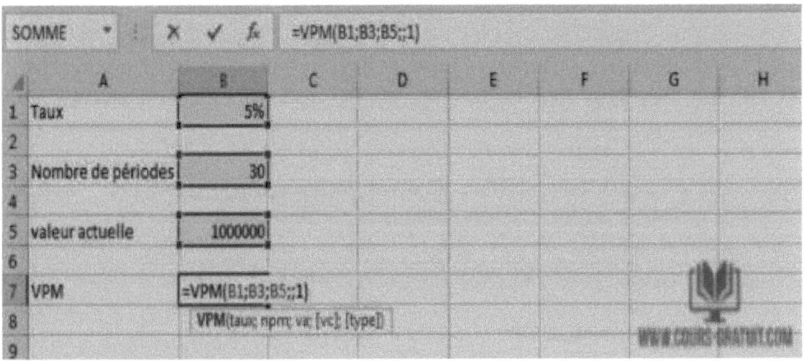

5. A função INTPER

INTPER calcula a taxa de juros para um pagamento de dívida fixo. A função trabalha em conjunto com a função VPM. Para obter o pagamento de capital para cada período, é possível separar os pagamentos de juros para cada período e usar a diferença entre VPM e INTPER.

A sintaxe da função INTPER é :

= INTPER(taxa; período atual; número total de períodos; valor atual)

Exemplo: Cálculo do pagamento de juros no quarto ano num período de reembolso de um empréstimo de 30 anos com uma taxa de juro de 5%.

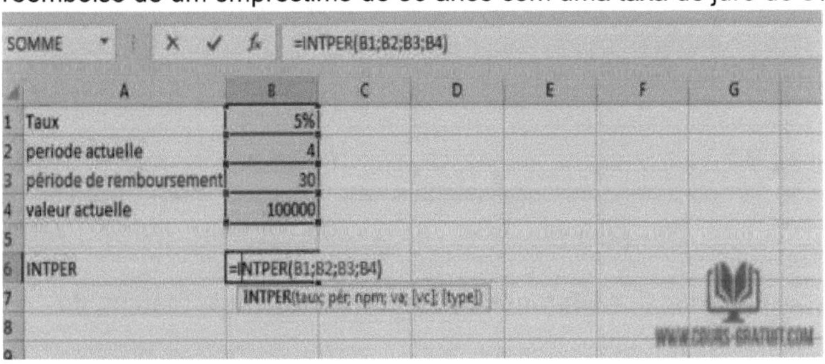

6. A função RATE.STAFF

Esta função é importante nas actividades de concessão e contração de empréstimos. Devolve a taxa de juro anual para composição não anual.

A sintaxe da função RATE.EFFECTIVE é: **= RATE.EFFECTIVE (taxa de juro; número de períodos por ano)**

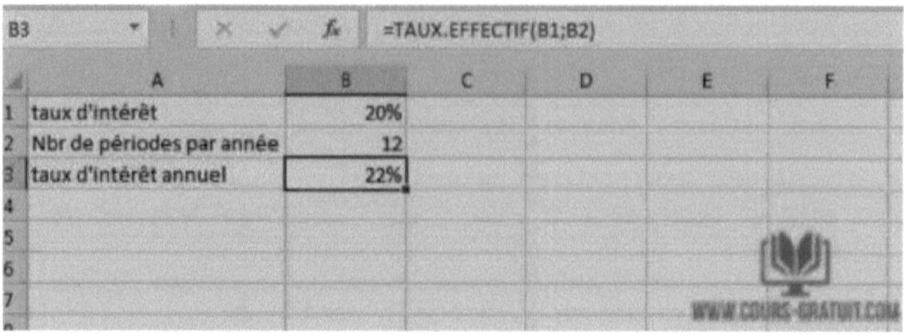

7. A função VC

Esta função ajuda-o a prever quanto dinheiro terá no futuro, com base no montante inicial, nos pagamentos normais e na taxa de juro composta.

A sintaxe da função VC é a seguinte:

= VC (taxa; número de períodos; pagamentos; valor inicial; tipo)

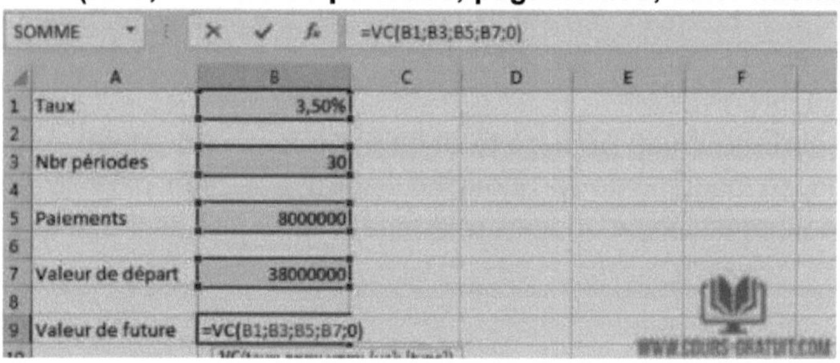

8. A função BD

Esta função é utilizada por profissionais de finanças para calcular a depreciação. Isto permite-lhes evitar a criação de um grande saldo decrescente.

A sintaxe desta função é: **= DB (custo; valor de recuperação; tempo de vida / número de**
períodos; período atual)

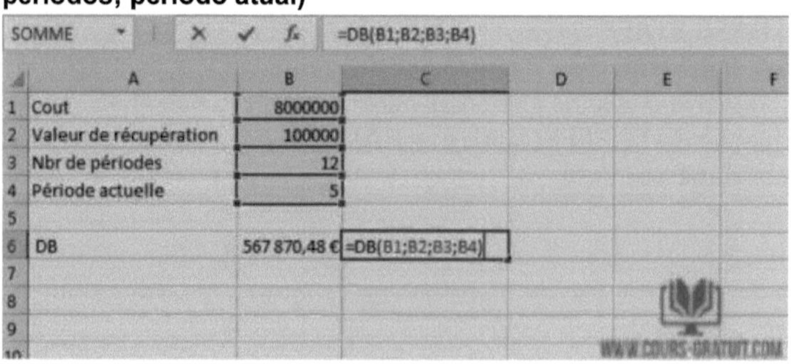

9. A função RATE

A função Taxa do Excel calcula a juro necessária para reembolsar um montante específico de um empréstimo ou para atingir um montante alvo num investimento, durante um determinado período.

A sintaxe da função RATE :

= RATE (npm ;vpm ; va ; [vc] ; [type] ; [estimate])

Npm: Obrigatório. O número total de períodos de pagamento num ano.

Vpm : Obrigatório. O pagamento efectuado em cada período não pode mudar durante a vida da anuidade. Geralmente, Vpm inclui o capital e os juros, mas não inclui outros encargos ou impostos. Se Vpm for omitido, é necessário incluir o argumento Vc.

Va: obrigatório. Valor atual - o montante total que uma série de pagamentos futuros vale agora.

Vc: Facultativo. O valor futuro ou o saldo de caixa que pretende obter após o último pagamento. Se Vc for omitido, assume-se que é 0 (o valor futuro de um empréstimo, por exemplo, é 0). Se Vc for omitido, é necessário incluir o argumento Vmp.

Tipo: Facultativo. O número 0 ou 1 indica a data de vencimento dos pagamentos.

A11

	A	B	C	D	E	F
1	Nbr de périodes	10				
2	Coupon par période	100				
3	coût de la caution	-950				
4	valeur nominale de l'obligation	1000				
5	rendement à maturité	=TAUX(B1;B2;B3;B4;1)				
6	rendement à maturité	12%				
7						

10. A função INTERET.ACC

Esta função devolve os juros acumulados de um título que paga juros periódicos.

A sintaxe da função INTERET.ACC :

= INTERET.ACC (emissão; cupão_prémio; liquidação; taxa; valor_nominal; frequência; [base]; [método_de_cálculo])

Emissão: A data em que o título foi emitido.

Prem_coupon: A data em que os primeiros juros serão pagos.

Liquidação : A data de liquidação do título.

Taxa: A taxa de cupão anual do título.

Face_Value: O valor nominal do título. Se este parâmetro for omitido, a função ACCRINT assumirá que o valor nominal está definido para $1.000.

Frequência: A frequência dos pagamentos de juros sobre títulos.

Base: Facultativo. Este é o tipo de número de dias a utilizar no cálculo dos juros sobre o título. Se este parâmetro for omitido, implica que a base é definida como 0.

11. A função AMORDEGRC:

Devolve a depreciação para cada período contabilístico utilizando um fator de depreciação.

A sintaxe é a seguinte:

= AMORDEGRC (custo; data de compra; primeiro período; recuperação; período; taxa; [base])

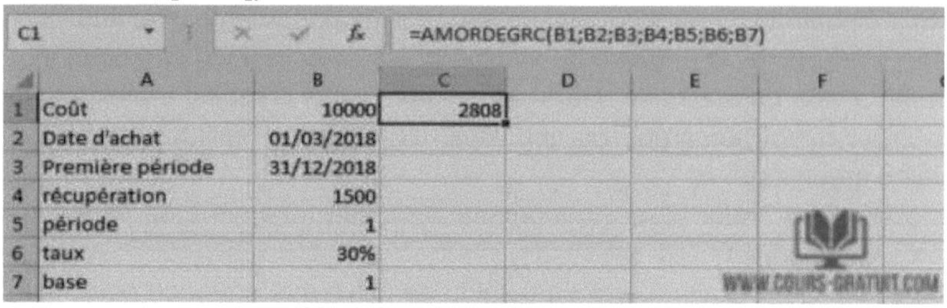

C1 =AMORDEGRC(B1;B2;B3;B4;B5;B6;B7)

	A	B	C
1	Coût	10000	2808
2	Date d'achat	01/03/2018	
3	Première période	31/12/2018	
4	récupération	1500	
5	période	1	
6	taux	30%	
7	base	1	

12. A função AMORLINC :

Devolve a depreciação do ativo para cada período contabilístico.

A sintaxe da função é a seguinte: **= AMORLINC (custo; data de aquisição; primeiro período; recuperação; período; taxa; [base])**

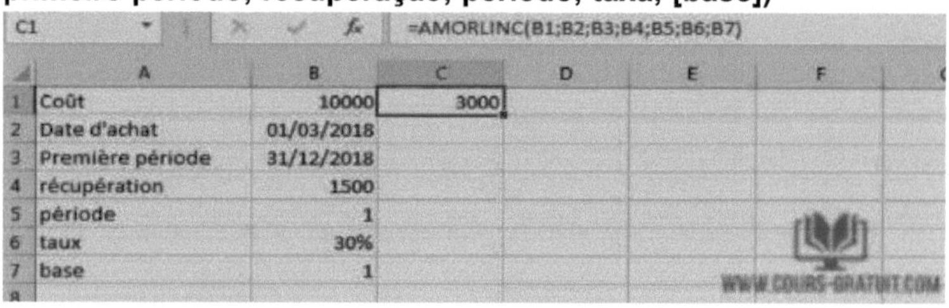

C1 =AMORLINC(B1;B2;B3;B4;B5;B6;B7)

	A	B	C
1	Coût	10000	3000
2	Date d'achat	01/03/2018	
3	Première période	31/12/2018	
4	récupération	1500	
5	période	1	
6	taux	30%	
7	base	1	

13. A função DDB

Esta função devolve a depreciação de um ativo para um determinado período utilizando o método de decaimento duplo.

A sintaxe da função é :

= DDB (custo; recuperação; duração; período; [fator])

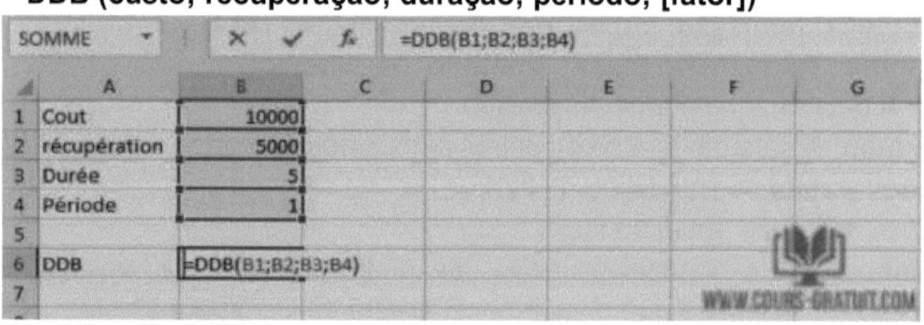

SOMME =DDB(B1;B2;B3;B4)

	A	B
1	Cout	10000
2	récupération	5000
3	Durée	5
4	Période	1
5		
6	DDB	=DDB(B1;B2;B3;B4)
7		

14. A função SYD

A função SYD retorna a depreciação de um ativo para um determinado período em como uma função da soma dos anos do depreciação.

A sintaxe do ficheiro :

= SYD (custo; recuperação; duração; período)

	A	B	C	D	E	F	G
1	Cout	10000					
2	récupération	5000					
3	Durée	5					
4	Période	1					
5							
6	DDB	1 666,67 €	=SYD(B1;B2;B3;B4)				
7							
8							

XVIII.3.FUNÇÕES LÓGICAS

Considere-se um conjunto que respeita várias regras - E

Esta função "**E**" é utilizada para verificar se várias regras, condições ou critérios foram cumpridos. **Estrutura da fórmula**: AND(*"condição 1"; "condição 2"*)**Exemplo**: quando a fórmula na célula Excel é *=ET(A1>25;A1<100),* o valor devolvido é Verdadeiro, Falso ou #N/A, dependendo do valor na célula A1.

Considere um conjunto que respeita pelo menos uma regra - OU

Esta função "**OU**" é utilizada para garantir o cumprimento de várias regras, condições e critérios selecionados.

Estrutura da fórmula: OR("condição 1"; "condição 2")

Exemplo: quando a fórmula na célula do Excel é =OR(A1<25;A1>100), o valor devolvido é Verdadeiro se uma das condições for satisfeita, caso contrário o valor devolvido é Falso.

Testar as condições de uma célula ou valor - SI / IF

Esta função "**IF**" é utilizada para testar as condições de uma célula ou de um valor e devolver outro valor: Se a célula A1 for igual à célula B1, então o valor é a célula C1, caso contrário o valor é a célula D1. **^da fórmula**: Se(*"condição"; "então"; "caso contrário"* **Exemplo**: quando a fórmula na célula Excel é *=SI(A1=3;2;1),* se o valor na célula A1 for "3", então o valor devolvido é "2", caso contrário o valor devolvido é "1".

XVIII .4.ORDENAÇÃO DOS ADIANTAMENTOS

Os filtros avançados também são conhecidos como filtros elaborados. Por conseguinte, utilizaremos ambos os termos indistintamente.

Tabela de dados: a primeira linha de uma tabela de dados Excel deve conter os nomes dos campos, também conhecidos como etiquetas; as linhas da segunda à última contêm todos os dados (por exemplo, informações sobre clientes): estas linhas são conhecidas como "registos".

Cada coluna contém, para cada registo, os dados correspondentes à etiqueta da coluna.

Registo: linha que contém todos os elementos específicos de um objeto único e determinado (por exemplo, os dados de um cliente, de um artigo, etc.).

Etiqueta: cada célula na primeira linha da tabela de dados, com o nome do conteúdo da coluna (por exemplo: "Apelido", "Nome próprio", "Número", etc.).

A. Fase preliminar da preparação de um filtro A avançado

Para utilizar um filtro elaborado, é necessário pelo menos uma tabela de dados e uma zona de critérios.

1. A tabela de dados deve ter rótulos de coluna na primeira linha.
2. A zona de critérios deve ter etiquetas de coluna na primeira linha e pelo menos uma linha com um ou mais critérios, exceto para filtrar duplicados (este assunto será abordado num capítulo posterior).

Comecemos com esta tabela de dados, que nos permitirá testar os filtros que desenvolvemos sem grande dificuldade.

Vamos expandir esta tabela até à linha 5 e copiar as etiquetas de linha desta tabela para a linha 1 da folha Excel.

	A	B	C	D	E	F	G
1	Prénom	Lieu	Naissance	Math	Français	Sciences	Moyenne
2							
3							
4							
5	Prénom	Lieu	Naissance	Math	Français	Sciences	Moyenne
6	Tanguy	Bruxelles	5/02/1998	8	6	8	7,3
7	Magali	Mons	11/11/1997	9	7	8	8,0
8	Isabelle	Liège	12/04/1997	6	7	5	6,0
9	Stéphane	Bruxelles	13/07/1997	7	9	8	8,0
10	Alain	Liège	3/12/1997	10	8	9	9,0
11	Philippe	Bruxelles	2/03/1998	8	8	7	7,7
12	Marie	Namur	30/06/1997	7	10	8	8,3

NB: As etiquetas da área de critérios devem ter a mesma ortografia que as etiquetas do quadro de dados.

B. Como ativar o filtro elabore A

- Excel 2003 Menu [Dados] - Filtro - Filtro avançado.
- Excel 2007 e posterior : separador [**Dados**], grupo Ordenar e filtrar, comando **Avançar**.

Aparece então a caixa de diálogo, com o campo Intervalos preenchido se o cursor estiver numa das células da tabela de dados.

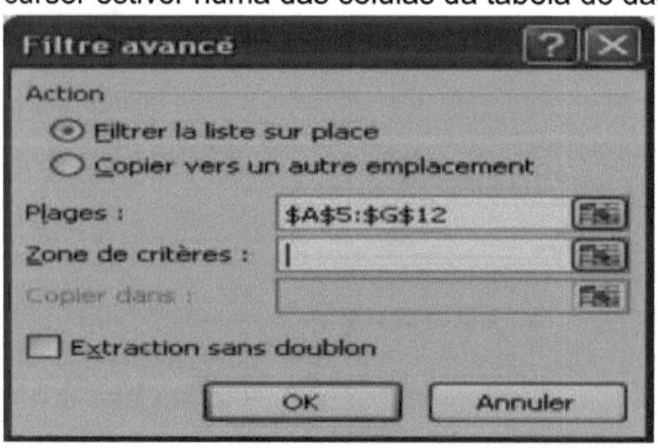

C. Alguns exemplos simples.

C.1 Primeiro exemplo A

Comecemos com um exemplo simples: filtrar as linhas (registos) em que a coluna **Localização** é igual a "Bruxelas".

Na célula **B2**, mesmo por baixo da etiqueta **Localização**, introduzimos o valor

"Bruxelas".

No grupo Ordenar e filtrar do separador **[Dados]**, clique no comando **Avançado**. É apresentada **a** caixa de diálogo **Filtro avançado**.

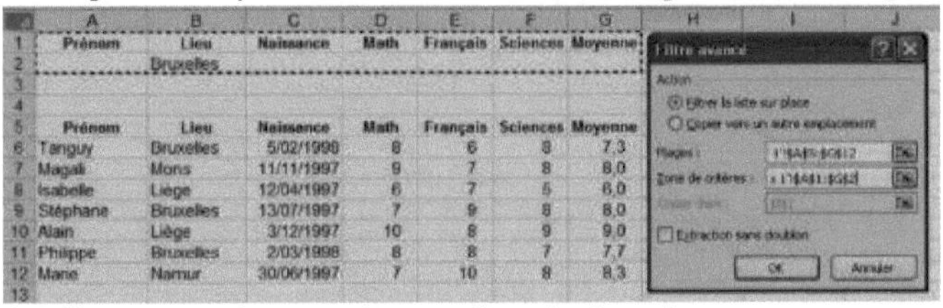

Analisemos cada uma das opções desta caixa.

- **Filtrar a lista no local**: filtrar diretamente na área da célula Excel onde os dados iniciais são colocados e que é declarada pela opção **Intervalos** (no nosso exemplo **A5:G12**).
- **Copiar para outra localização**: utilizado para criar a lista de filtros noutra localização definida pela opção **Copiar para**.
- **Intervalos**: a área a filtrar.
- **Área de critérios**: indica o intervalo de células onde inserimos os nossos critérios de filtragem (no nosso exemplo, **A2:G2**).
- **Copiar para**: designa a célula ou o intervalo de células a partir do qual as linhas filtradas serão copiadas. Esta opção só está disponível se **a** opção **Copiar para outro local** estiver selecionada.
- **Extração sem duplicados**: evita a apresentação de dados duplicados, quer com o filtro no lugar, quer copiando para outro local.

Assim, optamos pelo filtro in-place, tomando o intervalo como **A5:G12** e a área de critério como **A1:G2**. Confirme com **OK** e veja o resultado.

	A	B	C	D	E	F	G
1	**Prénom**	**Lieu**	**Naissance**	**Math**	**Français**	**Sciences**	**Moyenne**
2		Bruxelles					
3							
4							
5	**Prénom**	**Lieu**	**Naissance**	**Math**	**Français**	**Sciences**	**Moyenne**
6	Tanguy	Bruxelles	5/02/1998	8	6	8	7,3
9	Stéphane	Bruxelles	13/07/1997	7	9	8	8,0
11	Philippe	Bruxelles	2/03/1998	8	8	7	7,7
13							

Podemos ver que os números nas linhas filtradas são azuis e que as linhas 7, 8, 10 e 12 estão ocultas: isto deve-se ao facto de o valor nestas linhas ser diferente do critério escolhido ("Bruxelas").

Este resultado poderia, evidentemente, ter sido obtido com um simples filtro.

Para visualizar novamente os dados, basta clicar no comando **Limpar**, que se encontra no mesmo grupo que o comando **Elaborar filtro**.

C.2 Segundo exemplo A

Vamos agora filtrar os registos para os quais a localização é "Bruxelas" E cuja data de nascimento é maior ou igual a 1 de janeiro de 2008. Adicione o valor >=01/01/2008 à célula **C2**. Em seguida, execute a mesma encomenda com as mesmas opções.

	A	B	C	D	E	F	G
1	**Prénom**	**Lieu**	**Naissance**	**Math**	**Français**	**Sciences**	**Moyenne**
2		Bruxelles	>=01/01/1998				
3							
4							
5	**Prénom**	**Lieu**	**Naissance**	**Math**	**Français**	**Sciences**	**Moyenne**
6	Tanguy	Bruxelles	5/02/1998	8	6	8	7,3
11	Philippe	Bruxelles	2/03/1998	8	8	7	7,7
13							

Podemos ver que agora existem apenas duas gravações que satisfazem estes dois critérios combinados.

C.3 Terceiro exemplo A

Em seguida, aplique um filtro, acrescentando um critério:(Localização=Bruxelas e Data de nascimento>=01/01/1998) **OU** (Média>7,5).

Para obter o resultado atualizado, adicione o valor **>7,5** em **G3** (coluna **Média).**

Na caixa de diálogo, altere a zona de critérios para **A1:G3**.

	A	B	C	D	E	F	G
1	**Prénom**	**Lieu**	**Naissance**	**Math**	**Français**	**Sciences**	**Moyenne**
2		Bruxelles	>=01/01/1998				
3							>7,5
4							
5	**Prénom**	**Lieu**	**Naissance**	**Math**	**Français**	**Sciences**	**Moyenne**
6	Tanguy	Bruxelles	5/02/1998	8	6	8	7,3
7	Magali	Mons	11/11/1997	9	7	8	8,0
9	Stéphane	Bruxelles	13/07/1997	7	9	8	8,0
10	Alain	Liège	3/12/1997	10	8	9	9,0
11	Philippe	Bruxelles	2/03/1998	8	8	7	7,7
12	Marie	Namur	30/06/1997	7	10	8	8,3

Em conclusão, podemos ver que colocar critérios na mesma linha é equivalente à função **AND**; no entanto, se utilizarmos várias linhas, é equivalente à função **OR.**

C.4 Quarto exemplo A

Este exemplo é praticamente o mesmo que o anterior, exceto que na segunda linha (**OR**) adicionamos Bruxelas ao critério de **Localização**.

Isto significa que filtramos os registos utilizando :

(Local=Bruxelas) E (Nascimento>=01/01/1998 OU Média>7,5), que também pode ser escrito como (Local=Bruxelas E Data de nascimento>=01/01/1998) OU (Local=Bruxelas E Média>7,5).

	A	B	C	D	E	F	G
1	Prénom	Lieu	Naissance	Math	Français	Sciences	Moyenne
2		Bruxelles	>=01/01/1998				
3		Bruxelles					>7,5
4							
5	Prénom	Lieu	Naissance	Math	Français	Sciences	Moyenne
6	Tanguy	Bruxelles	5/02/1998	8	6	8	7,3
9	Stéphane	Bruxelles	13/07/1997	7	9	8	8,0
11	Philippe	Bruxelles	2/03/1998	8	8	7	7,7

D. O filtro baseia-se em vários critérios A

Nos exemplos anteriores, utilizámos um único critério de filtragem por coluna; nos exemplos seguintes, utilizaremos vários critérios em simultâneo.

Por exemplo, queremos filtrar os dados das pessoas cujas classificações médias se situam entre 7,5 e 9.

Esclarecimento importante: até agora, tínhamos o mesmo número de colunas na área de critérios que na tabela de dados. Isto é absolutamente desnecessário, uma vez que apenas as colunas e as suas etiquetas relevantes para os critérios têm de estar presentes.

Por conseguinte, utilizaremos duas colunas de critérios com a mesma etiqueta **Média**, como mostra o exemplo abaixo.

Na caixa de diálogo, a opção Zona de critérios referir-se-á, portanto, às células **A1:B2**.

	A	B	C	D	E	F	G
1	Moyenne	Moyenne					
2	>=7,5	<=9					
3							
4							
5	Prénom	Lieu	Naissance	Math	Français	Sciences	Moyenne
7	Magali	Mons	11/11/1997	9	7	8	8,0
9	Stéphane	Bruxelles	13/07/1997	7	9	8	8,0
10	Alain	Liège	3/12/1997	10	8	9	9,0
11	Philippe	Bruxelles	2/03/1998	8	8	7	7,7
12	Marie	Namur	30/06/1997	7	10	8	8,3

Se pretendermos aplicar um critério adicional, por exemplo, pessoas de Bruxelas com uma média entre 7 e 9, adicionamos uma coluna de critérios e, na caixa de diálogo, a opção Zona de critérios refere-se às células **A1:C2**, como mostra o exemplo abaixo.

	A	B	C	D	E	F	G
1	Moyenne	Moyenne	Lieu				
2	>=7,5	<=9	Bruxelles				
3							
4							
5	Prénom	Lieu	Naissance	Math	Français	Sciences	Moyenne
9	Stéphane	Bruxelles	13/07/1997	7	9	8	8,0
11	Philippe	Bruxelles	2/03/1998	8	8	7	7,7

E. Os critérios calculadosA

E.1. Exemplos de critérios calculadosA

Uma das grandes vantagens do filtro elaborado, que não é muito conhecida, é utilização de critérios calculados.

Para as utilizar, introduza uma fórmula em vez de uma constante e coloque

um nome como etiqueta da coluna que não se encontra como cabeçalho na tabela de dados.
Assim, se quisermos filtrar os dados para pessoas nascidas em 1997, colocamos uma coluna com a etiqueta **YearName** e na linha seguinte a fórmula **=YEAR(C6)=1997**.

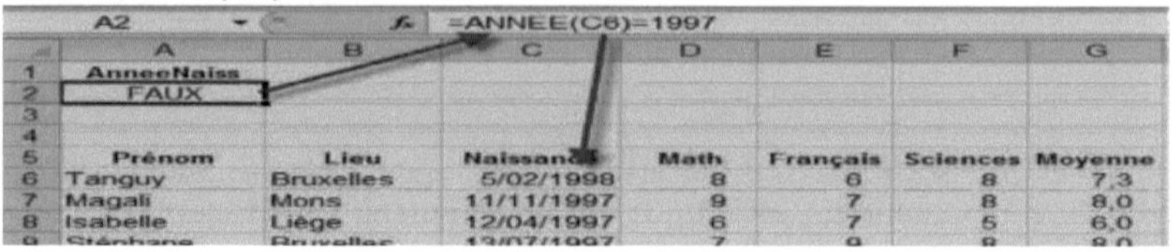

A2 fx =ANNEE(C6)=1997

	A	B	C	D	E	F	G
1	AnneeNaiss						
2	FAUX						
3							
4							
5	Prénom	Lieu	Naissance	Math	Français	Sciences	Moyenne
6	Tanguy	Bruxelles	5/02/1998	8	6	8	7,3
7	Magali	Mons	11/11/1997	9	7	8	8,0
8	Isabelle	Liège	12/04/1997	6	7	5	6,0

Vemos que a célula **A2**, que contém a fórmula **=YEAR(C6)=1997** e se refere à célula **C6**, devolve **FALSO**: o valor da célula em **C6** é 5 de fevereiro de 1998, pelo que o ano é 1998.

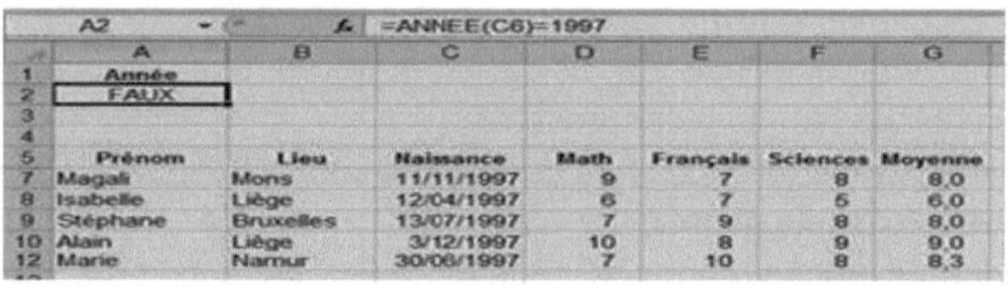

A2 fx =ANNEE(C6)=1997

	A	B	C	D	E	F	G
1	Année						
2	FAUX						
3							
4							
5	Prénom	Lieu	Naissance	Math	Français	Sciences	Moyenne
7	Magali	Mons	11/11/1997	9	7	8	8,0
8	Isabelle	Liège	12/04/1997	6	7	5	6,0
9	Stéphane	Bruxelles	13/07/1997	7	9	8	8,0
10	Alain	Liège	3/12/1997	10	8	9	9,0
12	Marie	Namur	30/06/1997	7	10	8	8,3

Em conclusão: quando utilizamos critérios calculados em filtros elaborado: a etiqueta da coluna deve ter um nome diferente do uma etiqueta na tabela de dados; o critério deve ser uma fórmula ou uma série de fórmulas aninhadas que devem devolver **VERDADEIRO** ou **FALSO** ;
O teste lógico DEVE ser efectuado numa ou mais células da primeira linha da tabela de dados.
Poderíamos, evidentemente, acrescentar critérios calculados.
Por exemplo, vamos filtrar os registos de pessoas nascidas em 1997 cuja pontuação em matemática é igual ou superior à média dos pontos obtidos em matemática.
Adicione uma coluna de critério com a etiqueta **MoyMath** e a fórmula **=D6>MOYENNE($D$6:$D$12)**. Sabendo que a média obtida em matemática por todas as pessoas registadas é de **7,8**, o resultado final são dois registos de filtro.

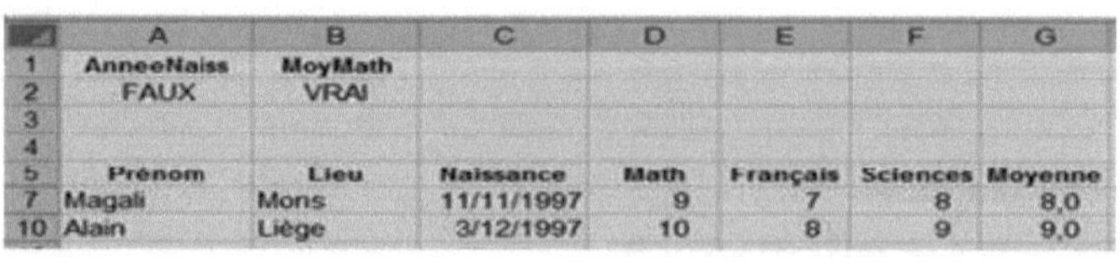

	A	B	C	D	E	F	G
1	AnneeNaiss	MoyMath					
2	FAUX	VRAI					
3							
4							
5	Prénom	Lieu	Naissance	Math	Français	Sciences	Moyenne
7	Magali	Mons	11/11/1997	9	7	8	8,0
10	Alain	Liège	3/12/1997	10	8	9	9,0

Neste caso, é claro, poderíamos ter-nos limitado a uma única coluna que contivesse o critério calculado com, por exemplo, a etiqueta **AnSupMoy** e a fórmula :

=**AND(YEAR(C6)=1997;D6>=MEAN($D$6:$D$12))**
ou mesmo
=(ANNEE(C6)=1997)*(D6>=MOYENNE($D$6:$D$12)).

CAPÍTULO XIX

EXCELENTES FILTROS

Um filtro é uma função do Excel que permite apresentar apenas determinados dados na sua tabela, de acordo com um ou mais critérios.

XIX.1.FILTRO AUTOMÁTICO

É importante utilizar a função Filtro automático para procurar, apresentar ou ocultar valores numa ou mais colunas de dados. Pode filtrar de acordo com as opções disponíveis numa lista ou procurar os dados que procura. Quando os dados são filtrados, as linhas inteiras são ocultadas se os valores de uma ou mais colunas não corresponderem aos critérios de filtragem.

Para aplicar um filtro automático, siga estes passos :

1. Selecionar os dados a filtrar.
2. > Clique em **Filtro de dados**.
3. Clique na seta H no cabeçalho da coluna e decida se pretende selecionar valores específicos ou efetuar uma pesquisa.

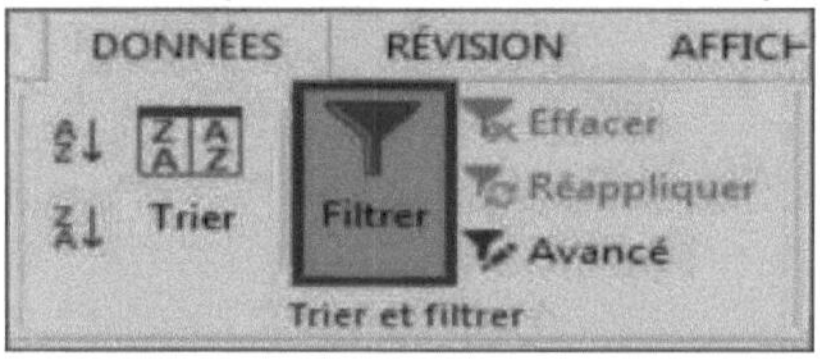

4. **Selecionar valores específicos: Desmarcar (Selecionar all)** para desmarcar todas as caixas e, em seguida, marque as caixas dos valores específicos que pretende ver.

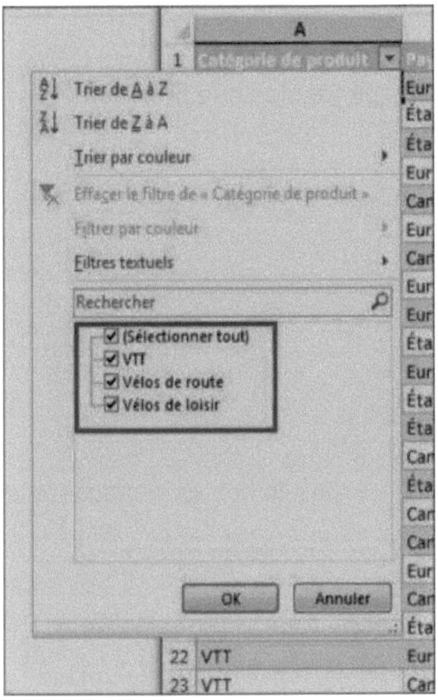

5. **Procurar valores:** Na caixa de pesquisa**,** escreva o texto ou os números que procura.

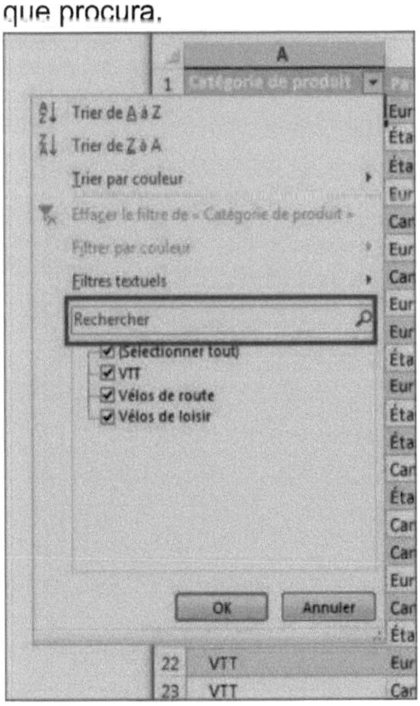

6. Clique em **OK** para aplicar o filtro.

XIX.2.FILTROS DE TEXTO

Por exemplo, no nosso quadro abaixo, para saber quais os equipamentos afectados nos sectores financeiro e da produção, basta clicar na base de dados e clicar em "filtrar".

Em cada coluna aparecem setas que são listas pendentes que permitem utilizar todas as possibilidades notificadas no
esquerda da imagem.

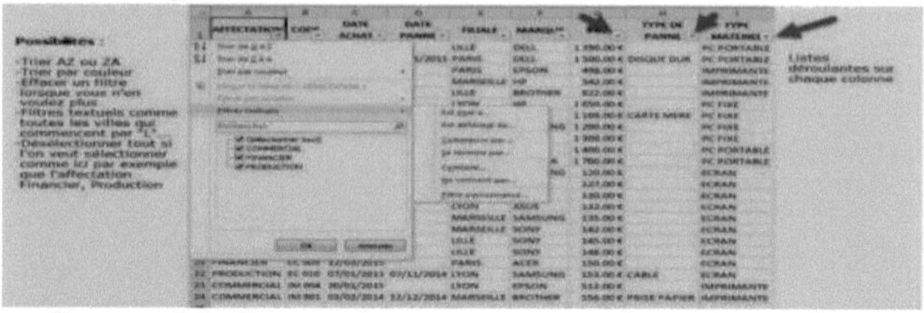

Vamos filtrar a afetação e pedir apenas informações sobre as finanças e a produção, assinalando estas duas caixas.

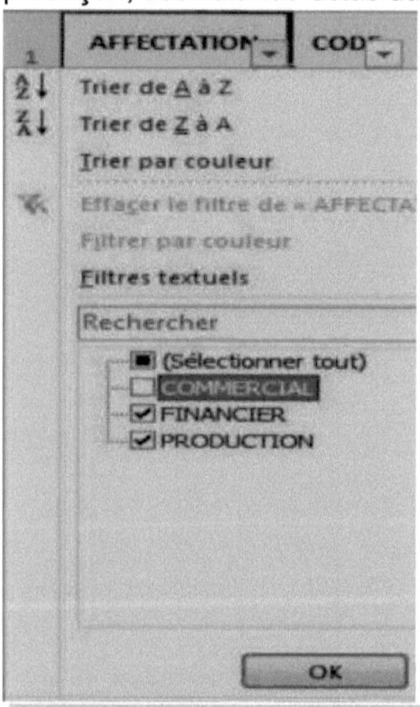

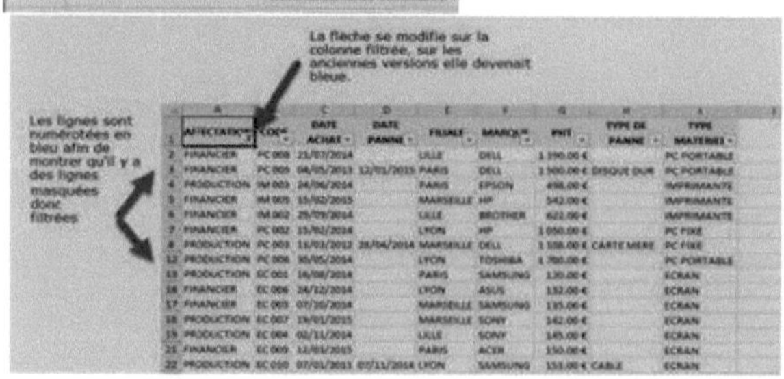

Pode combinar vários filtros para completar a sua análise. Por exemplo, com base neste resultado, só quero as cidades de Lille e Paris.

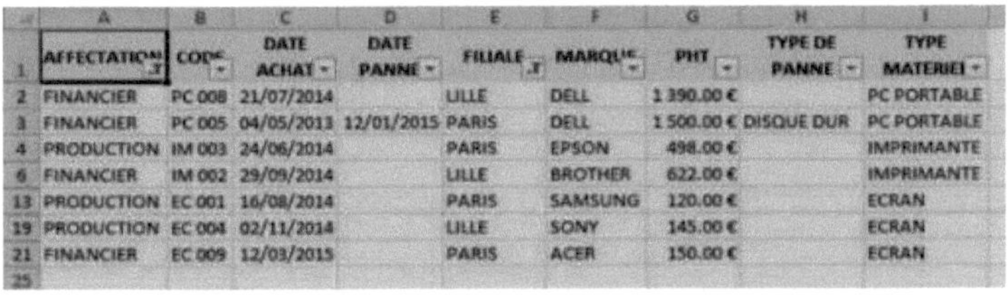

	A	B	C	D	E	F	G	H	I
1	AFFECTATION	CODE	DATE ACHAT	DATE PANNE	FILIALE	MARQUE	PHT	TYPE DE PANNE	TYPE MATERIEL
2	FINANCIER	PC 008	21/07/2014		LILLE	DELL	1 390.00 €		PC PORTABLE
3	FINANCIER	PC 005	04/05/2013	12/01/2015	PARIS	DELL	1 500.00 €	DISQUE DUR	PC PORTABLE
4	PRODUCTION	IM 003	24/06/2014		PARIS	EPSON	498.00 €		IMPRIMANTE
6	FINANCIER	IM 002	29/09/2014		LILLE	BROTHER	622.00 €		IMPRIMANTE
13	PRODUCTION	EC 001	16/08/2014		PARIS	SAMSUNG	120.00 €		ECRAN
19	PRODUCTION	EC 004	02/11/2014		LILLE	SONY	145.00 €		ECRAN
21	FINANCIER	EC 009	12/03/2015		PARIS	ACER	150.00 €		ECRAN
25									

Vamos continuar a partir deste resultado e só quero os ecrãs.
Só me restam 3 resultados.

	A	B	C	D	E	F	G	H	I
1	AFFECTATION	CODE	DATE ACHAT	DATE PANNE	FILIALE	MARQUE	PHT	TYPE DE PANNE	TYPE MATERIEL
13	PRODUCTION	EC 001	16/08/2014		PARIS	SAMSUNG	120.00 €		ECRAN
19	PRODUCTION	EC 004	02/11/2014		LILLE	SONY	145.00 €		ECRAN
21	FINANCIER	EC 009	12/03/2015		PARIS	ACER	150.00 €		ECRAN
25									

O número gravações apresentadas pelo filtro é mostrado na parte inferior do ecrã.
na sua folha de Excel.

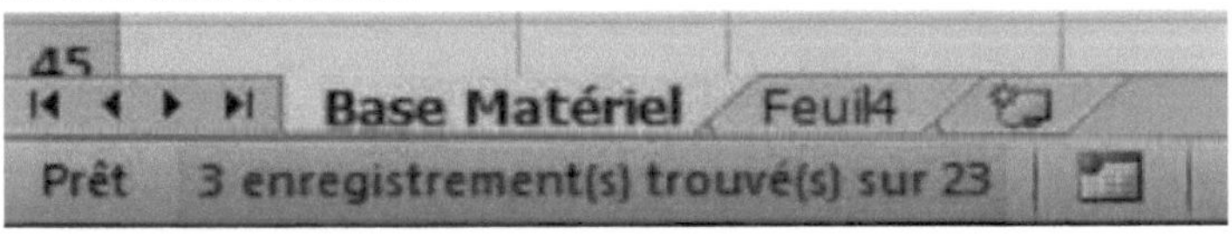

Imagine isto numa base de dados não com 23 registos como esta, mas com mais de 5000 linhas, e o tempo poupado.
E não se esqueça, uma vez executados os seus filtros, pode ORDENAR por Subsidiária, por exemplo. Melhor ainda, pode COPIAR o filtro resultante numa nova folha se o quiser utilizar mais tarde.

XIX.3.FILTROS DE DATA

1. Clique numa única célula de um conjunto de dados.
2. No separador Dados, no grupo Ordenar e filtrar, clique em Filtrar.

Aparecem as setas nos títulos das colunas.

	A	B	C	D	E
1	Last Nan	Sales	Count	Date	
2	Smith	$16,753.00	UK	4/25/2013	
3	Johnson	$14,808.00	USA	1/5/2016	
4	Williams	$10,644.00	UK	4/13/2015	
5	Jones	$1,390.00	USA	9/5/2016	
6	Brown	$4,865.00	USA	1/21/2013	
7	Williams	$12,438.00	UK	4/6/2013	
8	Johnson	$9,339.00	UK	11/14/2016	
9	Smith	$18,919.00	USA	7/16/2014	
10	Jones	$9,213.00	USA	1/26/2015	
11	Jones	$7,433.00	UK	11/1/2013	
12	Brown	$3,255.00	USA	5/18/2015	
13	Williams	$14,867.00	USA	1/5/2015	
14	Williams	$19,302.00	UK	8/23/2016	
15	Smith	$9,698.00	USA	1/17/2016	
16					

3. Clique na seta junto a Data.
4. + Clique em Selecionar tudo para limpar todas as caixas de verificação, clique no sinal junto a 2015 e, em seguida, na caixa de verificação junto a janeiro.

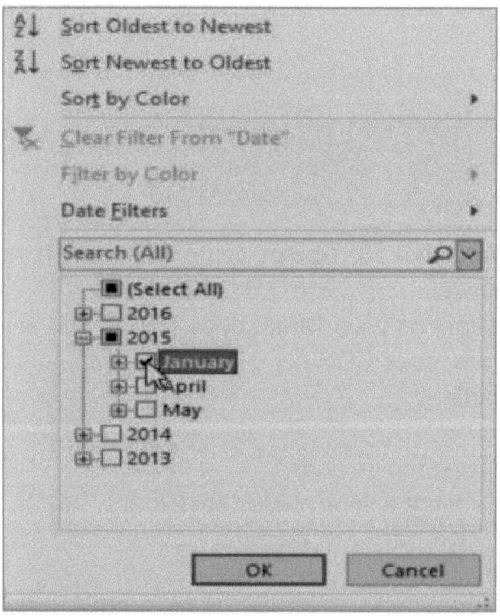

5. Clique em OK.

Resultado. **O Exceller** só apresenta vendas em 2015, em janeiro.

	A	B	C	D	E
1	Last Nan	Sales	Count	Date	
10	Jones	$9,213.00	USA	1/26/2015	
13	Williams	$14,867.00	USA	1/5/2015	
16					

6. Clique na seta junto a Data.
7. Clique em Selecionar tudo para assinalar todas as caixas.
8. Clique em Filtros de data (esta opção está disponível porque a coluna Data contém datas) e selecione Último mês na lista.

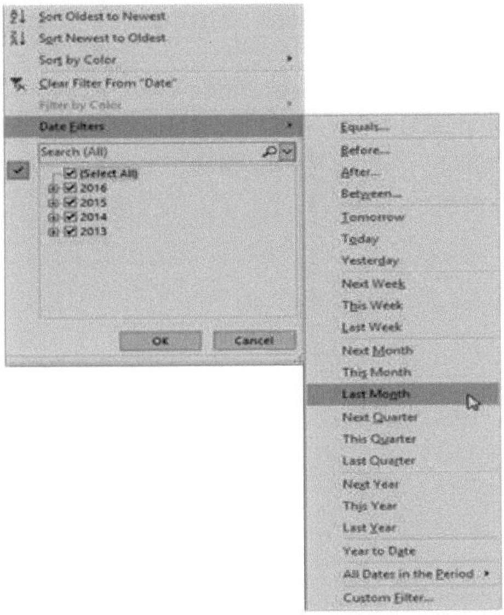

Resultado: o Excel apresenta apenas as vendas do mês anterior.

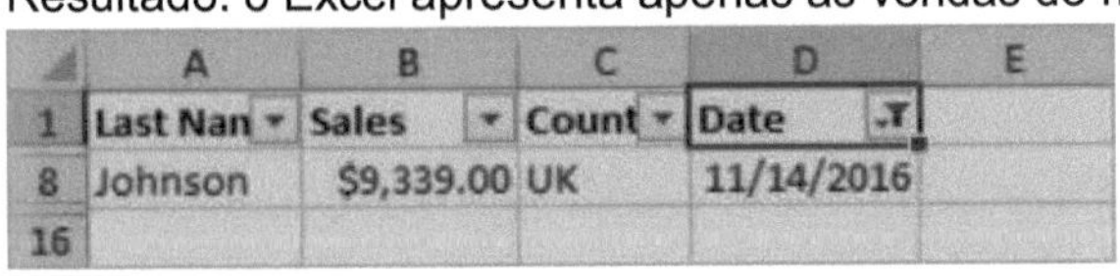

Nota: este e muitos outros filtros de data dependem da data atual.

BIBLIOGRAFIA

As obras

- Curriculum National des Humanites Techniques Commercials, 2016 ;
- Doug Lowe, *Les Reseaux pour les nuls*, 10e edição, Paris, First, 2017 ;
- Jacques LONCHAMP, introduction aux systemes informatique, Paris, Dunod, 201 ;
- G. PUJOLLE, *Initiation aux reseaux,* Paris, Eyrolles, 2001 ;
- Guillaume PLOUIN, *Cloud computing. Securite, gouvernance du SI hybride et panorama du marché,* 4e edition, Dunod, Paris, 2016.

Sítios Web:

- https://actualiteinformatique.fr
- https://www.lemagit.fr
- www.location-entretien-photocopieur.fr
- www.appvizer.fr
- https://support.microsoft.com
- www.techno-science.net
-

FSC
www.fsc.org
MIX
Papier aus verantwortungsvollen Quellen
Paper from responsible sources
FSC® C105338

Printed by Books on Demand GmbH, Norderstedt / Germany